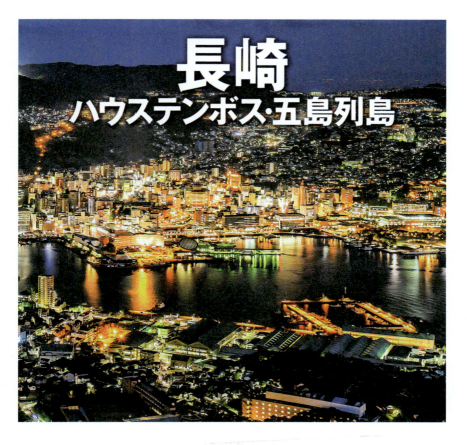

長崎
ハウステンボス・五島列島

あなただけの
プレミアムな
おとな旅へ！
ようこそ！

先人たちが築き上げてきた
独特の異国情緒を享受する

NAGASAKI HUIS TEN BOSCH
GOTO-RETTO

長崎 ハウステンボス・五島列島への旅

艶やかに「異国」が薫る 旅人が物語を紡いだ港町

オランダ坂を上り、洋館や教会を訪ね、旧グラバー邸の庭から長崎港を見る。静かな湾が空を映して美しい。湾沿いを散策し、中華街を抜け、思案橋から寺町通りを唐寺へ。この界隈どこに立っても「日本の異国」だった往時の賑わいが聞こえるようだ。ポルトガル船が平戸に入ったのは戦国時代、オランダ船は家康の頃。作家遠藤周作が「おいしい街」と呼んだ長崎の風情は、「異国」の熱い吐息が、長い時をかけて街に沁み込んだせいだ。

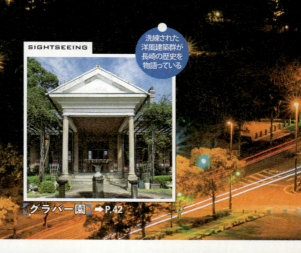

SIGHTSEEING

洗練された
洋風建築群が
長崎の歴史を
物語っている

【グラバー園】 ➡ P.42

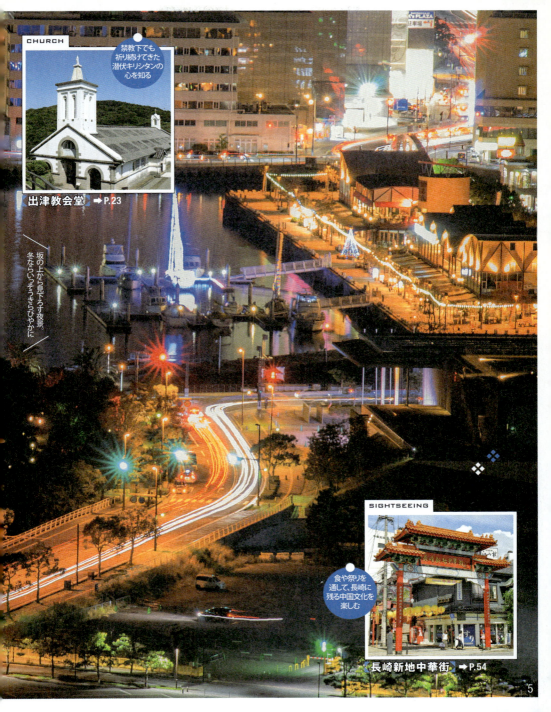

CHURCH
禁教下でも祈り続けてきた潜伏キリシタンの心を知る
出津教会堂 ➡ P.23

坂の上から見下ろす夜景、冬ならいっそうきらびやかに

SIGHTSEEING
食や祭りを通して、長崎に残る中国文化を楽しむ
長崎新地中華街 ➡ P.54

5

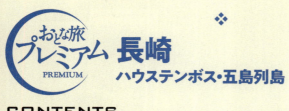

おとな旅プレミアム 長崎
ハウステンボス・五島列島

CONTENTS

長崎県全図／長崎県 ……… 2
長崎 ハウステンボス・五島列島への旅
艶やかに「異国」が薫る
旅人が物語を紡いだ港町 ……… 4
長崎はこんなところです ……… 12
長崎トラベルカレンダー ……… 14
プレミアム滞在モデルプラン
長崎 おとなの2泊3日 ……… 16

ニュース＆トピックス ……… 20

特集

世界遺産の教会へ ……… 22
長崎 ……… 22
五島列島 ……… 24
佐世保 ……… 25
長崎と天草地方の
潜伏キリシタン関連遺産 ……… 26

長崎 夜絶景スペシャル ……… 28
素敵な夜景と愉しむ特別なディナー ……… 32
長崎ランタンフェスティバル ……… 34

歩く・観る

長崎はこんな街です ……… 36
長崎市内を移動する ……… 38

南山手・東山手 40
グラバー園 ……… 42
「オランダ坂」から洋館めぐり ……… 46

出島・ベイエリア 48
和・蘭が出会った出島 ……… 50
歴史 日欧異文化交流の舞台、出島 ……… 52

長崎新地中華街 54
中華街のテイクアウト 55

眼鏡橋・寺町・思案橋 56
坂本龍馬の歩いた道 ……… 58
眼鏡橋・寺町・思案橋周辺
ちょっと気になるお店 60

平和公園・浦上 62
長崎から発信する平和への願い ……… 64

長崎駅周辺 66

歴史 異国文化が往来する街 ･･････ 68
潜伏キリシタン 信仰の足跡　74
世界遺産 軍艦島 ･･････････････････ 76
　　　　明治日本の産業革命遺産　78
岩崎彌太郎の三菱とグラバーの
長崎での蜜月関係　81

アート・文化

長崎ゆかりのミュージアム ････････ 84
知的好奇心を満たす
美術館・資料館を巡る ･･････････ 86

食べる

長崎ごはん
和・華・蘭の饗宴 長崎だけの食卓　90
至福の時を演出 美食のテーブル3店　92
長崎の中国式ソウルフード6店 ････ 94
郷土の定番食4店 ････････････････ 96

カフェ&スイーツ
ノスタルジーカフェ ･･････････････ 98
スイーツ自慢のカフェ ･･････････ 100

ナイトスポット
長崎の魚はすこぶる旨い
だから旨いお酒と相性がいい ････ 102
宵も楽しい長崎 ････････････････ 104

買う

技が生きる長崎雑貨 ……………… **106**
カステラ＆桃かすてら ……………… **108**
おいしい長崎みやげ ……………… **110**
　長崎駅＆長崎空港みやげ **112**

郊外へ

郊外のエリアとアクセスガイド ……… **114**
ハウステンボス ……………………… **116**
　ハウステンボスのエリアと見どころ **118**
　地元食材を使った多彩なグルメ **120**
　珍しいおみやげ オランダテイスト **122**
　ハウステンボスのホテル **124**
五島列島 ……………………………… **126**
　下五島 **128**
　上五島 **130**
　宇久・小値賀 **134**
佐世保 ………………………………… **136**
　食の執着、ご立派！ **138**
西海 …………………………………… **140**
平戸 …………………………………… **142**
波佐見 ………………………………… **144**
　暮らしに添えたい波佐見焼 **146**
　西の原 **148**
　有田 **149**
雲仙 …………………………………… **150**
島原 …………………………………… **152**

長崎のホテル ………………………… **154**
長崎へのアクセス …………………… **156**
INDEX ………………………………… **158**

付録地図

長崎タウン ……	2	波佐見・有田／	
長崎駅周辺 ……	4	波佐見中心部	14
出島・思案橋 ……	6	ハウステンボス／	
南山手・東山手 ……	8	端島（軍艦島）／	
平和公園・浦上 ……	9	高島	15
五島列島 ……	10	雲仙・島原	16
平戸 ……	11	雲仙	18
西海・佐世保広域 ……	12	島原	19
佐世保中心部 ……	13		

本書のご利用にあたって

● 本書中のデータは2020年12月〜2021年2月現在のものです。料金、営業時間、休業日、メニューや商品の内容などが、諸事情により変更される場合がありますので、事前にご確認ください。
● 本書に紹介したショップ、レストランなどとの個人的なトラブルに関しましては、当社では一切の責任を負いかねますので、あらかじめご了承ください。
● 営業時間、開館時間は実際に利用できる時間を示しています。ラストオーダー(LO)や最終入館の時間が決められている場合は別途表示してあります。
● 営業時間等、変更する場合がありますので、ご利用の際は公式HPなどで事前にご確認ください。
● 休業日に関しては、基本的に定休日のみを記載しており、特に記載のない場合でも年末年始、ゴールデンウィーク、夏季、旧盆、保安点検日などに休業することがあります。
● 料金は消費税込みの料金を示していますが、変更する場合がありますのでご注意ください。また、入館料などについて特記のない場合は大人料金を示しています。
● レストランの予算は利用の際の目安の料金としてご利用ください。Bが朝食、Lがランチ、Dがディナーを示しています。
● 宿泊料金に関しては、「1泊2食付」「1泊朝食付」「素泊まり」は特記のない場合1室2名で宿泊したときの1名分の料金です。曜日や季節によって異なることがありますので、ご注意ください。
● 交通表記における所要時間、最寄り駅からの所要時間は目安としてご利用ください。
● 駐車場は当該施設の専用駐車場の有無を表示しています。
● 掲載写真は取材時のもので、料理、商品などのなかにはすでに取り扱っていない場合があります。
● 予約については「要予約」(必ず予約が必要)、「望ましい」(予約をしたほうがよい)、「可」(予約ができる)、「不可」(予約ができない)と表記していますが、曜日や時間帯によって異なる場合がありますので直接ご確認ください。
● 掲載している資料および史料は、許可なく複製することを禁じます。

■ データの見方

- ☎ 電話番号
- 所 所在地
- 開 開館／開園／開門時間
- 営 営業時間
- 休 定休日
- 料 料金
- ⊗ アクセス
- P 駐車場
- 🛏 宿泊施設の客室数
- in チェックインの時間
- out チェックアウトの時間

■ 地図のマーク

- ★ 観光・見どころ
- ★ ツアー
- 卍 寺院
- ⛩ 神社
- † 教会
- R 飲食店
- C カフェ・甘味処
- S ショップ
- SC ショッピングセンター
- H 宿泊施設
- i 観光案内所
- 道 道の駅
- 🏖 ビーチ
- ♨ 温泉
- 🚏 バス停
- ✈ 空港
- 🚢 旅客船ターミナル

旅のきほん 1

エリアと観光のポイント
長崎はこんなところです

小さな島々を多く有し、複雑な地形から海岸線の長さは北海道に次ぎ2位を誇る。
南蛮貿易、軍港、造船、漁業と、海との関わりで栄えてきた街々と見どころをご紹介。

県いちばんの賑わいを誇るメインシティ
長崎市　➡ P.36
ながさきし

江戸時代に海外との貿易を許された国内唯一の港を持つ都市として繁栄。外国人居留地跡や唐寺など見どころも多い。

↑2021年4月で長崎は開港450周年

↑高台に建つグラバー園の建物からは長崎の街や港が見渡せる

観光のポイント
グラバー園 P.42　長崎新地中華街 P.54
大浦天主堂 P.23/P.40　端島(軍艦島) P.76

島の大自然に溶け込む教会の姿が美しい
五島列島　➡ P.126
ごとうれっとう

中通島や福江島をはじめとする五島列島は、かつて潜伏キリシタンの里であった場所。彼らが残した美しい教会が見どころ。

観光のポイント
頭ヶ島天主堂 P.24/P.131
高浜 P.128　小値賀島 P.134

↑野崎島の旧野首教会
（P.24/P.134）

九州の北に浮かぶ、貴重な自然が残る島々
壱岐・対馬
いき・つしま

九州本島から壱岐は約20km、対馬は約130km離れた玄界灘に浮かぶ島。古くは朝鮮半島との交流の地として重んじられた。手つかずの自然が人気で、特に対馬は独自の生態系を持つ。

↑壱岐の筒城浜(つつきはま)は白砂のビーチ

県内移動の起点となる
大村・諫早
おおむら・いさはや

大村には長崎空港があり、空路で訪れる人はまずここに降り立つ。諫早は県の中心部に位置し、鉄道の乗り換えなど陸路の重要な拠点となる。

⬆空路なら長崎空港

オランダやアメリカからの文化が色濃いエリア
佐世保・ハウステンボス ➡P.116 / P.136
させぼ・ハウステンボス

米海軍基地のある佐世保はアメリカな雰囲気の港町。ハウステンボスは年中、花と光に包まれた広大なテーマパーク。

⬆展望スポットから街、港、海、山が織りなす絶景を眺めてみたい

| 観光のポイント | ハウステンボス P.21 / P.116　展海峰 P.137 九十九島パールシーリゾート P.137 |

このエリアにも注目

豊富な山海の幸に注目
西海 さいかい ➡P.140

かつて南蛮貿易で栄えた
平戸 ひらど ➡P.142

⬆城下町、教会などさまざまな歴史の足跡が残る

焼物の窯元が立ち並ぶ
波佐見 はさみ ➡P.144

避暑地として賑わった温泉街
雲仙 うんぜん ➡P.150

城下町の雰囲気が残る
島原 しまばら ➡P.152

⬆雲仙には地獄と呼ばれる熱湯の噴出口がある

旅のきほん 2

長崎トラベルカレンダー
旬のグルメや伝統行事、季節によって異なる楽しみ

比較的温暖な気候だが、海の近くは風が強く体感温度が下がる。雨は6〜7月に集中し、秋がベストシーズン。離島の天気は本島とは別に調べて訪れよう。

	1月	2月	3月	4月	5月	6月
気候	最高気温は10℃前後、雪は積もらないが季節風が吹けば寒くなる。	春節の時期、長崎市内は賑やかになる。カキもベストシーズン。	徐々に暖かくなってくる。桜は3月下旬あたりから咲き始める。	気温が上がり過ごしやすい。春風の時期はハタ揚げ行事が盛んに。	穏やかな気候が続く。下旬から長崎になじみ深いアジサイが咲く。	雨が多いので雨具は携。大雨になることあるので予報に注意。
月平均気温 (℃)	7.0	7.9	10.9	15.4	19.4	22.8
月平均降水量 (mm)	64.0	85.7	132.0	151.3	179.3	314.6

港町は風が強く、気温より寒く感じるので、防寒具をしっかり用意

温度調節用に羽織るものがあると便利。紫外線が強くなるので対策を

イベント・行事

1月 第3日曜
下崎山町ヘトマト
五島下崎山地区の伝統行事。相撲、綱引きなどさまざまな儀式を一度に行う。

2月 上旬〜中旬（旧暦1月1〜15日）
長崎ランタンフェスティバル
中国の旧正月（春節）に合わせて長崎市内数か所の会場が提灯やオブジェで飾られる。

中旬〜4月上旬
100万本のチューリップ祭
ハウステンボス内のさまざまなスポットが色鮮やかなチューリップで彩られ、見事な景色に。

→長崎ミカン

3月 下旬〜4月上旬
風頭公園桜まつり
坂本龍馬像が立つ風頭公園では、約350本のソメイヨシノと港の眺望を楽しめる。
※2021年は開催中止

下旬〜4月上旬
立山公園さくらまつり
JR長崎駅北東の高台にある公園。約700本の桜の木があり、展望台からの眺望も良い。

4月 上旬
長崎ハタ揚げ大会
春の風物詩ハタ（凧）揚げ大会が長崎市唐八景公園などで行われる。揚げたハタ同士で相手の糸を切り合うハタ合戦が見もの。

下旬
長崎帆船まつり
日蘭交流400周年を記念して2000年から開催。長崎港に国内外から帆船が集まり、船内の一般公開や体験クルーズを行う。

5月 4月29日〜5月5日
波佐見陶器まつり
波佐見町内の窯元や商社が出店。伝統的な匠の逸品から現代的なデザインの器まで、さまざまな波佐見焼を見て、買って楽しめる。ろくろ体験（2021年は中止）なども開催される。

3日
バラモン凧上げ（こども自然公園大会）
五島列島の福江島で子ども向けイベントを開催するほか、伝統的なバラモン凧を揚げる。

→波佐見陶器まつり
→アジサイ

旬の食材

食材	時期
長崎ミカン	11〜1月
ヒラス	1〜3月
マダイ	1〜3月
ヒラメ	12〜2月
伊勢エビ	8〜3月
桜	3月下旬〜4月上旬
デコポン	3〜4月
アジサイ	5〜6月
ビワ	5〜6月
アジ	5〜7月
ジャガイモ	5〜7月

↑長崎ランタンフェスティバル(P.34)

↑長崎帆船まつり

↑精霊流し

↑竹ン芸

 7月
 8月
 9月
 10月
 11月
 12月

7月	8月	9月	10月	11月	12月
温は30℃超えることも。雨が続くので湿が高くなる。	9日は原爆投下日で平和祈念の行事が多い。下旬からは台風も到来。	台風による船舶や飛行機の欠航に注意。下旬になると安定し始める。	雨も少なくベストシーズン。長崎を代表する「くんち」も開催される。	旅のベストシーズンが続く。雲仙岳では紅葉が見頃になる。	一気に寒気が訪れる。北西からの季節風が吹くと途端に冷える。

気温・降水量:
- 7月: 26.8℃ / 314.4mm
- 8月: 27.9℃ / 195.4mm
- 9月: 24.8℃ / 188.8mm
- 10月: 19.7℃ / 85.8mm
- 11月: 14.3℃ / 85.6mm
- 12月: 9.4℃ / 60.8mm

※クーラー対策に薄手の羽織り物を用意。夜も気温は下がりにくい

※昼夜の寒暖差があるので、パーカーなどで冷え込みに備える

7月

終土・日曜
ペーロン選手権大会
14mの長さのペーロン舟に26人の漕ぎ手が乗り組む。往復1150m各地区から選抜されたチームが長崎港で競う。

終土・日曜
ながさきみなとまつり
崎港、長崎水辺の森公園をメイン会場に出やステージが設置される。クライマックス打ち上げ花火で海上大輪の花が咲く。

8月

第1・3土・日曜
中島川夏風情〜長崎夜市
眼鏡橋と中島川周辺で夜市を開催。ライトアップされた橋を見ながら夏の夜を楽しむ。

15日
精霊流し
初盆となる故人の霊を自作の船に乗せて極楽へ送り出す伝統行事。

9月

中旬
長崎居留地まつり
外国人居留地となった長崎市の東山手、南山手、大浦地区でスタンプラリーやコンサート、バザーなどさまざまなイベントを開催。

第3土曜
孔子祭
長崎市の孔子廟で学問の神として慕われる孔子の生誕を祝う。中国式の古い儀式を再現し、中国獅子舞なども行われる。

10月

7〜9日
長崎くんち
諏訪神社の秋の大祭で、国の重要無形民俗文化財に指定されている。寛永11年(1634)に2人の遊女が小舞を奉納したのが始まりとされるが、中国やオランダなどの異国情緒が感じられる祭りだ。

14・15日
竹ン芸
長崎市の若宮稲荷神社で奉納される曲芸。狐面を付け、高い竹の上で技を披露する。

11月

2・11月の土・日曜、祝日
九十九島かき食うカキ祭り
カキの旬に合わせて九十九島パールシーリゾートでカキ焼きのイベントが催される。

↑九十九島のカキ

12月

11〜12月
きらきらフェスティバル
佐世保市の島瀬公園を中心に、街中がイルミネーションで彩られる。パーティやダンス大会など楽しいイベントも開催される。

上旬
皿山器替まつり
やきものの街・波佐見町で行われる器イベント。不要になった器を持ち込むと、新しい器を割引購入できる。

 長崎ミカン 11〜1月
 ウチワエビ 10〜11月
 ヒラメ 12〜2月

タチウオ 7〜11月
梨 8〜9月
トビウオ/アゴ 8〜11月
伊勢エビ 8〜3月

※日程は変動することがありますので、事前にHPなどでご確認ください。

プレミアム滞在モデルプラン
長崎 おとなの2泊3日

日本のどこにもない、独特の歴史が生み出したスタイルが、この街にはある。歩いて、見て、食べて、買って。その奥深い文化を享受したい。最終日はハウステンボスでプレミアムなひとときを。

↑坂を上った先には写真に残したくなる風景が待っている

1日目

石畳の坂道を歩き、洋館の風情に浸る
教会の建物に、古い趣深い洋館に、さまざまな歴史と物語を想う。

10:00 JR長崎駅

約20分
長崎駅前電停から長崎電気軌道1・5号系統(途中新地中華街電停で乗り換え)で13分、大浦天主堂電停下車、徒歩5分

10:20 大浦天主堂／祈念坂

約1分
グラバー園第1ゲートまで徒歩すぐ

12:00 グラバー園

約10分
グラバー園第1ゲートから東山手洋風住宅群まで徒歩10分

14:00 東山手洋風住宅群／オランダ坂

坂の上にあるグラバー園から眺める港町・長崎

南山手 の坂道を上った先の教会で、ステンドグラスの美しさに心惹かれる

大浦天主堂 ➡P.23/P.40
おおうらてんしゅどう

日本で最初に殉教した6人の外国人(神父3人、修道士3人)と20人の信徒のために建てられた、世界遺産の教会。信徒発見の舞台としても知られる。

©2021 長崎の教会群情報センター

祈念坂 ➡P.45
きねんざか

大浦天主堂の裏手に位置する坂道。坂の上からは長崎港や大浦天主堂の塔を見渡すことができる。

©2021 長崎の教会群情報センター

住まいとして使われた 瀟洒な洋館群 を見学

グラバー園 ➡P.42
グラバーえん

かつて要人の邸宅だった洋風建築が公開されている。当時の外国人居留地の暮らしぶりを想像するのもおもしろい。

※旧グラバー住宅は2021年10月頃(予定)まで工事中のため内部の見学は不可。詳細はHPで要確認

14:00	東山手洋風住宅群／オランダ坂

約25分
大浦海岸通電停から長崎電気軌道5号系統で14分、市民会館電停下車、徒歩8分

| 15:30 | 眼鏡橋 |

約15分
市民会館電停から長崎電気軌道3号系統で5分、長崎駅前電停下車。長崎バス3・4番系統に乗り換えて5分、ロープウェイ前下車、長崎ロープウェイ淵神社駅まで徒歩2分

| 18:50 | 長崎ロープウェイ |

約10分
ロープウェイで5分、長崎ロープウェイ稲佐岳駅下車、徒歩3分

| 19:00 | 稲佐山山頂展望台 |

約15分
長崎ロープウェイ稲佐岳駅からロープウェイで5分、長崎ロープウェイ淵神社駅下車。ロープウェイ前社停から長崎バス20・40番系統に乗り換えて5分、長崎駅前下車

| 20:30 | 長崎駅 |

プランニングのアドバイス

長崎の街歩きは、どこに行くにも急坂に出会うので、スニーカーなど歩きやすい靴が望ましい。移動は基本的に路面電車やバスなどの公共交通機関を利用するが、できるだけ歩いて、中国やオランダの文化が根づいた異文化の薫りを、街の空間から自ら感じ取りたい。山手界隈や眼鏡橋周辺を散策するなら、洋館を活用したおしゃれなカフェやレストランに出会えるはず。稲佐山の夜景を観賞するなら、山頂のレストランで食事をするのもいい。

「東山手」の坂道を歩き、外国人居留地の面影を感じる

東山手洋風住宅群 ➡P.46
ひがしやまてようふうじゅうたくぐん

明治20年代後半頃に賃貸住宅か社宅として建てられた洋風建築。現在は資料館やレストランとして使用されている。

オランダ坂（東山手） ➡P.45
オランダざか（ひがしやまて）

居留地の時代、外国人はみな「オランダさん」と呼ばれたため、オランダさんが通る坂はオランダ坂と呼ばれた。

日本初のアーチ型の「石橋」周辺をのんびり散策

眼鏡橋 ➡P.57
めがねばし

中島川には多くの石橋が架かり、なかでも有名な橋が眼鏡橋。しだれ柳や季節の花々が、河畔の散策道に風情を添える。

「ロープウェイ」に乗ってパノラマビューを満喫する

長崎ロープウェイ ➡P.28
ながさきロープウェイ

稲佐山の山麓から山頂までを約5分で結ぶ。より間近に迫力のある夜景が楽しめる。

長崎の街を見下ろす山上からの「夜景」に感動

稲佐山山頂展望台 ➡P.28
いなさやまさんちょうてんぼうだい

長崎でも屈指の夜景スポット。長崎市の中心部が光に彩られる風景を見渡すことができる。併設のレストランで夜景を堪能しながらのディナーもおすすめだ。

近代化の面影と和・華・蘭の文化を追って

廃墟の島を目の当たりにし、港町・長崎で育まれた異文化にふれる。

世界遺産 軍艦島 の廃墟を見に行く

外観が戦艦に似ていることから軍艦島と呼ばれる

端島（軍艦島） ▶P.76
はしま（ぐんかんじま）

石炭を産出する炭鉱として発展したが、昭和49年（1974）に閉山し廃墟となった。ツアーを利用すれば、上陸して見学することができる。

8:50	JR長崎駅
	約10分 長崎駅前電停から長崎電気軌道1号系統で3分、大波止電停下車、ツアーの受付場所まで徒歩5分
9:00	端島（軍艦島）
	約5分 大波止電停から長崎電気軌道1号系統で1分、出島電停下車すぐ
13:00	国指定史跡 「出島和蘭商館跡」
	約10分 長崎県美術館まで徒歩10分ほど
15:00	長崎県美術館／ 長崎出島ワーフ
	約5分 出島電停から長崎電気軌道1号系統で3分、新地中華街電停下車、長崎新地中華街北門まで徒歩2分
17:30	長崎新地中華街／ 思案橋周辺
	約15分 思案橋電停から長崎電気軌道1号系統で12分、長崎駅前電停下車すぐ
21:30	JR長崎駅

西洋の文化が到来した地 出島 で当時の生活を知る

国指定史跡「出島和蘭商館跡」 ▶P.50
くにしていしせき「でじまおらんだしょうかんあと」

鎖国時代にもヨーロッパとの貿易が許された唯一の場所。オランダ商館長が使用した部屋など、かつての様子を再現した建物が見学できる。

心地よい潮風を受けながら 長崎港 周辺を散策

長崎県美術館 ▶P.84
ながさきけんびじゅつかん

長崎ならではの美術品を展示。港沿いにある長崎水辺の森公園（P.49）の隣に建ち、水と緑による癒やしも感じられる。

長崎出島ワーフ ▶P.48
ながさきでじまワーフ

長崎港に面して建つ施設。テラス席のあるカフェや、海の幸を味わえる食事処など多彩なお店が集まる。夜の散策にもおすすめ。

夜の 繁華街 を歩き、名物グルメを提供するお店へ

長崎新地中華街 ▶P.54
ながさきしんちちゅうかがい

ちゃんぽんなどの長崎名物や雑貨のお店が立ち並ぶ。冬は長崎ランタンフェスティバル（P.34）の会場にも。

思案橋周辺 ▶P.104
しあんばししゅうへん

懐かしい雰囲気が漂う飲み屋街。地元で根強い人気を誇る名物グルメをいただきながら、長崎ならではの夜を楽しみたい。

プランニングのアドバイス

端島（軍艦島）のツアー（P.77）は催行会社によって時間、出発地が異なるので、プランを組む際は最初に決めておきたい。長崎港ではおしゃれなカフェやレストランで食事ができる。新地中華街から思案橋までは路面電車で移動できるが、歩いてでも行ける距離だ。また、思案橋電停から南に5分ほど歩くと、卓袱（しっぽく）料理と坂本龍馬にゆかりの場所として名高い老舗・史跡料亭 花月（P.90）がある。

3日目

ハウステンボスで過ごす大人の休日

花と光と絶景と。ハウステンボスの美を追求して、優雅な一日を過ごしたい。

7:30	長崎駅

約2時間
長崎駅からJR快速シーサイドライナーで約1時間40分、ハウステンボス駅下車、ウェルカムゲートまで徒歩10分

| 9:30 | フラワーロード／アートガーデン |

約5分
アートガーデンからドムトールンまで徒歩5分

| 11:00 | タワーシティ |

約10分
パレス ハウステンボスまで徒歩10分

| 12:30 | ハーバータウン |

約10分
アムステルダム広場まで徒歩10分

| 14:00 | アムステルダムシティ |

約5分
光のファンタジアシティまで徒歩5分

| 15:30 | 光のファンタジアシティ |

約2時間
光のファンタジアシティからハウステンボス駅まで徒歩20分、JR快速シーサイドライナーで約1時間40分、長崎駅下車

| 20:00 | 長崎駅 |

プランニングのアドバイス
楽しみ方は千差万別。興味のあるショータイムなどは事前に時間を調べておきたい。各エリアに数多くの食事処、カフェ、ショップが用意されている。ホテルに宿泊して、夜のハウステンボスを満喫するのもおすすめ。

四季折々の花々が咲く、鮮やかな花畑に包まれる
フラワーロード ➡ P.118

ウェルカムゲートから入場すると、最初に出迎えてくれるのがフラワーロード。カラフルな一面の花畑と情趣のある風車が織りなす、ハウステンボスを代表する風景だ。

アートガーデン ➡ P.119

場内最大のガーデンには、季節に沿った花々が集められ、豊かな香りが漂う。特に初夏のバラの香りと景観、一面を覆う冬のイルミネーションは圧巻。

美麗な宮殿に広がるヨーロッパの美の世界へ
ハーバータウン ➡ P.119

パレス ハウステンボスはオランダの宮殿を忠実に再現。オランダ・バロック式の庭園も見ものだ。ミュージアムで静かにアート鑑賞するのもおすすめ。

花と光をテーマにした新登場のエリアを体験
光のファンタジアシティ ➡ P.21
ひかりのファンタジアシティ

2021年3月オープン。花、海、宇宙など7つのテーマがあり、それぞれ最先端の音響とデジタル技術を駆使した幻想的な空間が広がる。

日常では味わえない仕掛けがたくさん

©FLOWERS BY NAKED 2016-2020
©NAKED, INC.

シンボルタワーから絶景を堪能する
タワーシティ ➡ P.119

高さ約105mのタワー「ドムトールン」はハウステンボスのランドマーク的存在。4階のプレミアムスカイラウンジで贅沢に絶景を楽しみたい。

音楽と花に満ちた広場でグルメと買い物を楽しむ
アムステルダムシティ ➡ P.119

ショーや生演奏など多彩なイベントも行われるハウステンボスの中心部。オープンカフェでの食事やおみやげ選びも楽しみ。

©OCEAN BY NAKED
©NAKED, INC.

NAGASAKI NEWS & TOPICS

ニュース＆トピックス

訪れる者を気持ちよく迎えてくれる駅舎が完成し、人気の観光スポットでは過ごし方がいっそう多彩に。日本屈指のテーマパークの新エリア、恐竜好きにはたまらない博物館など、今、話題の施設をご紹介。

長崎の夜景で有名な 稲佐山 の山頂は展望台以外にもお楽しみが充実

山頂への乗り物やグルメスポットが登場し、新たな盛り上がりを見せる。2021年には稲佐山中腹をINASA HILL SIDE SQUAREとしてリニューアル予定。

長崎稲佐山スロープカー
ながさきいなさやまスロープカー

稲佐山中腹にある駐車場から山頂の展望台までの約500mを8分で結ぶ。昼は山の緑や青い海、夜はきらびやかな夜景を、360度にわたって見渡すことができる。

2020年1月運行開始

ガラス張りの車内。支柱は森をイメージしている

長崎ロープウェイ(P.28)とは、ひと味違った絶景を堪能

稲佐山
MAP 付録 P.2 C-4
☎095-861-7742（稲佐山公園管理事務所）
所 長崎市稲佐町364
営 9:00〜22:00
休 点検日、悪天候時
料 片道300円、往復500円

2020年7月オープン

INASA TOP SQUARE
イナサ トップ スクエア

稲佐山山頂展望台(P.28)の下に広がるグルメ広場。コンテナ形式のお店が建つほか、イートインスペースが用意されている。長崎に初登場のお店もある。

稲佐山 MAP 付録 P.2 C-4
☎095-861-7742（稲佐山公園管理事務所）
所 長崎市稲佐町364 営 店舗により異なる
交 長崎ロープウェイ・稲佐岳駅から徒歩3分 P あり（20分無料、以降30分100円）

稲佐山山頂から長崎の食文化を発信する施設だ

鯖サンドとハトシロールを融合した新感覚のオリジナルロールサンド600円（Shachu Shachu DEPARTMENT）

新駅舎になった長崎の 陸の玄関口 と今後オープンする施設に熱視線

2020年3月にリニューアルして登場した駅舎には、波佐見焼のタイルなど長崎らしさが随所に表れている。駅周辺では新しい駅ビルや大型施設が建設中。2022年の秋には九州新幹線（西九州ルート）の一部が開通予定だ。

JR長崎駅
ジェイアールながさきえき

長崎駅 MAP 付録 P.4 A-2
所 長崎市尾上町1

観光案内所も設けられているコンコースには、長崎県産の杉材を使用

駅の西側では2021年11月に大型会議施設・出島メッセ長崎がオープン。ホテルも隣接

日本有数の恐竜化石の産地に誕生する 恐竜専門の博物館 が待ち遠しい

長崎半島には8100万年前の地層があり、多様な恐竜の化石が発見されている。新しい博物館では「恐竜」と名付けた長崎人など、長崎ならではの恐竜の歴史を展示。

長崎市恐竜博物館
ながさきしきょうりゅうはくぶつかん

2021年10月オープン

長崎半島南部 MAP 本書 P.3 D-4
☎095-829-2057
（長崎市教育委員会 恐竜博物館準備室）
所 長崎市野母町568-1
※2021年2月現在、詳細未定

半島の南端に位置する野母崎にあり、海に面して建つ

世界最大級のティラノサウルスの全身骨格化石（レプリカ）は大迫力

画像提供：長崎市教育委員会

20

ハウステンボスの新エリアでは花と光が魅せる幻想的な空間で遊ぶ

「花」と「光」をテーマにした待望の新しいエリアが登場。最先端のデジタル技術などにより、エリア名のとおり、ファンタジーな世界へ連れて行ってくれる。

ハウステンボス 光のファンタジアシティ
ハウステンボス ひかりのファンタジアシティ

2021年3月オープン

各施設ではデジタルとリアルが融合した、幻想的な空間が繰り広げられ、写真を撮りたくなるスポットがたくさん用意されている。

カラフルなレンガの建物が街を彩り、アトラクションに向かう気分も高まる

室内に隠されている光の花を、五感を使って見つけていく秘密の研究室

その場にいる人の情報を元に生み出される、唯一無二の光の花々

ハウステンボス MAP 付録 P.15 E-2
☎0570-064-110 所佐世保市ハウステンボス町1-1 ハウステンボス内
¥ハウステンボス1DAYパスポート7000円(ほかP.117参照) 休無休
交JRハウステンボス駅からすぐ Pあり

巨大で色とりどりの魚群に包まれるミステリアスな世界へ

©OCEAN BY NAKED ©NAKED, INC.

海のファンタジア
うみのファンタジア

色彩豊かな光が織りなす、深く神秘的な海の世界が広がる未来のアクアリウム。美しさをまとったさまざまな生物に出会える。

見て、触れて、動いて、海の生命の輝きを感じる、海中散歩を楽しみたい

フラワーファンタジア

映像、音、香りなど五感を通じて、花と光に癒やされる3フロアを用意。訪れた人にふさわしい花の世界が待っている。

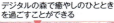
©FLOWERS BY NAKED 2016-2020
©NAKED, INC.

デジタルの森で癒やしのひとときを過ごすことができる

森のファンタジアカフェ
もりのファンタジアカフェ

秘密の森で自分だけのドリンクを注文。グラスを置くとさまざまな花が咲き乱れるテーブルなど、不思議な空間が広がる。
※カフェ利用は有料。

©FLOWERS BY NAKED 2016-2020
©NAKED, INC. ©TREE by NAKED

2021年4月〜

開港から450年を迎える長崎に注目

元亀2年(1571)にポルトガルの貿易船が来航。以降、外国文化を受け入れながら、現在の異国情緒満点の街へと発展してきた。開港450周年を記念して、各地でイベントが開催される予定。

長崎出島ワーフ(P.48)周辺で港町らしい風景に出会える
☎095-829-1282(長崎開港450周年記念事業実行委員会事務局)

2020年9月スタート

ライトアップされた夜の観光名所を歩く

夜景都市らしく、市内各地にある観光名所も夜はライトアップされる。2020年からは、眼鏡橋を含む中島川・寺町エリア(P.56)や新地中華街周辺(P.54)などで、夜の景観を楽しめるようになった。

眼鏡橋(P.57)も昼間とは別の風情を醸し出している
☎095-829-1177(長崎市まちづくり部 景観推進室)
HPwww.city.nagasaki.lg.jp/sumai/660000/667000/p033047.html

時を鎮めてたたずむ祈りの結晶
世界遺産の教会へ

弾圧と潜伏の時代を経験し、長崎・天草地方に花開いたキリスト教文化。
苦難を乗り越えてキリシタンたちが築いた荘厳な祈りの場が街に村にたたずむ。

特集●教会めぐりの旅

潜伏キリシタンがおよそ250年の間
心の奥で待ち望み続けた街の教会堂

　天文18年(1549)に宣教師フランシスコ・ザビエルが来日し、日本各地へ伝わったキリスト教。長崎や天草地方などは布教の拠点だった。豊臣秀吉のバテレン追放令、続く江戸幕府の禁教令により各地のキリシタン集落が姿を消すなか、長崎・天草地方では密かに共同体が維持された。そこに暮らす潜伏キリシタンたちは禁教下で弾圧を恐れながらも、250年にわたり信仰を伝え続けた。特異な道を歩んだ潜伏キリシタンたちの歴史を物語る長崎・天草地方の12の資産が、2018年7月に世界文化遺産に登録された。構成資産の集落には、キリスト教の解禁後に生まれたカトリック教会が含まれている。

正面祭壇中央には十字架のキリスト像が見える

長崎
ながさき
追憶と今を結ぶ
キリシタン文化

石壁と伝統工法の屋根
モダンなフォルムの教会

ド・ロ様壁と呼ばれる頑丈で厚い外壁を築いた

大野教会堂
おおのきょうかいどう

要事前連絡

外海 MAP 本書P.3 D-3

大野は出津や黒崎同様、潜伏キリシタンの多かった地。明治26年（1893）、ド・ロ神父が設計し私財を投じて信徒とともに現地の石を積んで建てた。独特な外壁の教会で国の重要文化財。

☎095-823-7650（長崎と天草地方の潜伏キリシタン関連遺産インフォメーションセンター）
所 長崎市下大野町2619
時 9:00～17:00（堂内立入不可）
休 無休 交 JR長崎駅から長崎バス・板の浦行きで1時間15分、大野下車、徒歩15分
P あり（教会敷地外）

出津教会堂
しつきょうかいどう

要事前連絡

外海 MAP 本書P.3 D-3

強い海風に耐えられるよう屋根を低くした木造平屋で、漆喰の白い外壁が美しい。2011年に国の重要文化財指定。周辺には、ド・ロ神父に関する品が見られる記念館や、ド・ロ神父が建てた女性の自立を支援する施設を復元した旧出津救助院がある。

☎095-823-7650（長崎と天草地方の潜伏キリシタン関連遺産インフォメーションセンター）
所 長崎市西出津町2633
時 9:00～17:00
休 無休 交 JR長崎駅から長崎バス・板の浦行きで1時間10分、出津文化村下車、徒歩10分
P あり（教会敷地外）

世界遺産の教会へ

ここからキリスト教の復活が始まった

大浦天主堂 ➡P.40
おおうらてんしゅどう

南山手 MAP 付録P.8 B-2

禁教令により250年間神父不在のまま密かに信仰を守ってきた潜伏信徒が、外国人居留地に建てられた教会で信仰を告白した「信徒発見」の舞台。

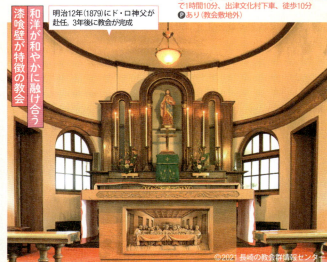

明治12年（1879）にド・ロ神父が赴任。3年後に教会が完成

和洋が和やかに融け合う漆喰壁が特徴の教会

©2021 長崎の教会群情報センター
©2021 長崎の教会群情報センター

五島列島
ごとうれっとう
大小140余の島々が織りなす美景

特集●教会めぐりの旅

全国でも珍しい石造りの教会 愛らしい意匠の堂内も見どころ

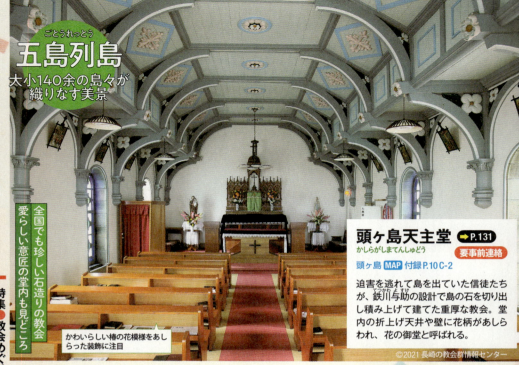

かわいらしい椿の花模様をあしらった装飾に注目

頭ヶ島天主堂 →P.131
かしらがしまてんしゅどう　要事前連絡

頭ヶ島 MAP 付録P.10 C-2

迫害を逃れて島を出ていた信徒たちが、鉄川与助の設計で島の石を切り出し積み上げて建てた重厚な教会。堂内の折上げ天井や壁に花柄があしらわれ、花の御堂と呼ばれる。

©2021 長崎の教会群情報センター

江上天主堂 →P.128
えがみてんしゅどう　要事前連絡

奈留島 MAP 付録P.10 B-3

島の50戸余りの信徒が地引網漁で資金を捻出し、鉄川与助が大正7年（1918）に建立した木造教会の完成形。手描きの花の絵の窓ガラスや柱に信徒の祈りの結晶を見る。

旧野首教会 →P.134
きゅうのくびきょうかい　要事前連絡

野崎島 MAP 付録P.10 C-1

正面の屋根上には中央と両脇に城壁の物見櫓状の装飾が、さらにその左右にはユリの紋章に似た装飾が施され、中世ヨーロッパの建築を思わせる。

白壁に水色の窓枠がまるで童話のなかの教会

クリーム色の壁に水色の窓枠が印象的な日本の代表的木造教会

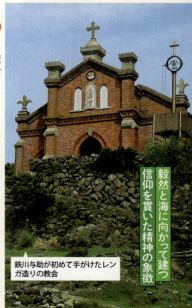

毅然と海に向かって建つ信仰を貫いた精神の象徴

鉄川与助が初めて手がけたレンガ造りの教会

佐世保
江戸時代後期のキリシタンの潜伏地

ロマネスク様式の構成
1998年国の重要文化財に

黒島天主堂
くろしまてんしゅどう

要事前連絡

黒島　MAP 本書P.3 D-2

マルマン神父設計で明治35年（1902）築。レンガ造りの教会で完成度の高いリブ・ヴォールト天井がある。島特産の御影石や祭壇の下に敷いた1800枚の有田焼タイルなど郷土色豊か。

☎095-823-7650（長崎と天草地方の潜伏キリシタン関連遺産インフォメーションセンター）
所 佐世保市黒島町3333　営 9:00～16:00
休 無休　交 黒島港から徒歩30分　P あり

建設資金が足りず、工事が一時中断したこともある

世界遺産の教会へ

見学前に知っておきたい「教会」のこと

● 心静かに、祈りの場所の形を胸に刻む

教会は、信者にとって大切な祈りの場であり観光施設ではないので、特に神聖な場所である祭壇には立ち入らないなど、マナーを守って見学しよう。

● 理解の深まる巡礼ガイドにも注目

巡礼地の背景にある歴史やそこに生きた人々の生き様をより深く知りたい場合は、巡礼ガイドに添乗・同行が依頼できる。センターでは巡礼地の紹介も行う。

NPO法人 長崎巡礼センター
エヌピーオーほうじん ながさきじゅんれいセンター
長崎駅周辺 MAP 付録P.4 A-2
☎095-893-8763　所 長崎市尾上町1-88 2F
営 9:00～17:30　休 土・日曜、祝日
料 1～10人の場合 4時間5000円～　※7日前までに要予約

● 世界遺産関連の教会見学は事前に連絡が必要

出津教会堂（P.23）、大野教会堂（P.23）、黒島天主堂（P.25）、田平天主堂（P.143）、江上天主堂（P.24/P.128）、旧五輪教会堂（P.128）、頭ヶ島天主堂（P.24/P.131）の見学は、「長崎と天草地方の潜伏キリシタン関連遺産インフォメーションセンター」の公式サイトにて2日前までに連絡が必要。大浦天主堂（P.23/P.40）は事前連絡不要。旧野首教会（P.24/P.134）は「おぢかアイランドツーリズム」（P.134）、﨑津教会（P.26）は九州産交ツーリズムが受付窓口。

長崎と天草地方の潜伏キリシタン関連遺産インフォメーションセンター
ながさきとあまくさちほうのせんぷくキリシタンかんれんいさんインフォメーションセンター
出島・ベイエリア MAP 付録P.6 A-2
☎095-823-7650
所 長崎市出島町1-1-205 出島ワーフ2F
営 9:30～17:30　休 無休　HP kyoukaigun.jp/

● 長崎の教会建築を形作った神父と建築家

明治時代初期から中期にかけ多くの教会を設計したマルク・マリー・ド・ロ神父。ゴシック様式を踏まえながらも大野教会堂のように日本の伝統工法を用いたり、土地の風土を考慮した設計が特徴だ。

同じく、多くの教会建築を手がけた建築家・鉄川与助は、曽根天主堂などを手がけたペリュー神父からリブ・ヴォールト天井の技法を学び、のちにド・ロ神父からも教会建築の技法を学んだ。

鉄川とド・ロ神父が携わった教会は、どれも信者が献金したことはもちろん、工事にも献身的に参加している。長崎の信仰の深さを物語っているようだ。

マルク・マリー・ド・ロ
写真提供：ド・ロ神父記念館

12の構成資産で世界遺産を知る

長崎と天草地方の潜伏キリシタン関連遺産

世界遺産「長崎と天草地方の潜伏キリシタン関連遺産」は12の資産で構成されている。ひとつひとつの資産を知ることで、世界遺産の歴史と価値が見えてくる。

平戸の聖地と集落（中江ノ島） 3
平戸の聖地と集落（春日集落と安満岳） 2
宇久島　平戸島
小値賀島　野崎島の集落跡 8
黒島の集落 7
五島列島　中通島　頭ヶ島の集落 9
若松島　外海の大野集落 6
福江島　久島
奈留島の江上集落（江上天主堂とその周辺） 11
久賀島の集落 10

長い「潜伏」の歴史と文化を伝える12の資産

世界遺産を構成する12の資産は、長崎・熊本県の8市町に点在している。キリシタンが潜伏するきっかけとなる事件が起きた「原城跡」、潜伏した10の「集落」、潜伏が終わる転機を生んだ「大浦天主堂」で構成され、キリシタンの潜伏の始まりから2世紀におよぶ潜伏生活、潜伏の終焉までの歴史を伝えている。平戸や天草、五島列島などにあった集落では、地元の仏教徒らに紛れて共同社会を築いたり、身近な物を拝む対象としたりして、独自の祈りの文化を育んだ。解禁となった明治時代には、それぞれの集落に続々と教会が建てられている。

1 原城跡 ➡ P.74
はらじょうあと
島原 MAP 本書P.3F-4
「潜伏」の始まりとなった地

島原・天草一揆の舞台地。この事件を機に幕府は鎖国政策をとり、キリシタンの潜伏が始まった。

↑キリシタンたちが籠城した原城。本丸跡などの遺構が保存されている

2 平戸の聖地と集落（春日集落と安満岳）
ひらどのせいちとしゅうらく
（かすがしゅうらくとやすまんだけ）
平戸 MAP 本書P.2C-1
山岳信仰を取り入れた潜伏集落

春日集落の潜伏キリシタンは山岳仏教の聖地・安満岳を信仰対象とした。解禁後もカトリックに復帰せず独自の信仰を続けた。

↑春日集落拠点施設「かたりな」では集落の住民が語り部となって、潜伏キリシタンの歴史をわかりやすく伝えてくれる

3 平戸の聖地と集落（中江ノ島）
ひらどのせいちとしゅうらく
（なかえのしま）
平戸 MAP 本書P.2C-1
迫害の歴史を伝える無人島

中江ノ島は禁教時代の初期にキリシタンが処刑された殉教地。春日集落の人々が聖地として崇め、島で聖水を汲む行事も行った。

↑元和8年（1622）、神父を助けた生月島や平戸島の信徒らが処刑された

4 天草の﨑津集落
あまくさのさきつしゅうらく
天草（熊本県）MAP 本書P.2C-4
漁村ならではの祈りを捧げた

潜伏時代、大黒天や恵比寿神、アワビの貝殻の内側の模様をキリスト教の信仰対象に見立てるなど、漁村特有の信仰形態が見られた。

集落内にある教会　　要事前連絡
﨑津教会
☎096-300-5535（九州産交ツーリズム）
所熊本県天草市河浦町﨑津539
営9:00～17:00 休無休 九州自動車道・松橋ICから車で2時間30分 Pあり

↑絵踏が行われていた庄屋役宅跡地に建設。昭和9年（1934）再建

5 外海の出津集落
そとめのしつしゅうらく
長崎市内 MAP 本書P.3D-3
シンボリックな教会が建つ

集落の人々はキリスト教の禁教下でも聖画を密かに拝むことで信仰を維持した。解禁後に教会堂を建てたド・ロ神父の記念館、聖画を隠していた屋敷跡が残る。

集落内にある教会　出津教会堂 ➡ P.23

↑集落を見下ろす高台に建てられた出津教会堂

7 黒島の集落
くろしまのしゅうらく
佐世保 MAP 本書P.3 D-2
潜伏キリシタンが島を開拓

平戸藩の牧場跡を利用した島の開発地に、外海などの潜伏キリシタンたちが移住して開拓し、各地に集落を形成した。現在も島民の約8割がカトリック教徒だ。

集落内にある教会　**黒島天主堂 ➡ P.25**

↑祭壇の下には有田焼のタイルを敷いている

6 外海の大野集落
そとめのおおのしゅうらく
長崎市内 MAP 本書P.3 D-3
神社が祈りの場だった

集落の神社の氏子を装い、信仰対象を密かに神社に祀ってキリストへの祈りを捧げた。解禁後には、神社の近くに教会堂を建設している。

集落内にある教会　**大野教会堂 ➡ P.23**

↑独特の建築様式を持つ教会堂。現在は、年に一度の記念ミサのみに利用される

↑キリシタン集落があった野首に残る教会

8 野崎島の集落跡
のざきじまのしゅうらくあと
五島列島 MAP 付録P.10 C-1
神道の島へ移住した信徒たち

沖ノ神嶋神社の神官と氏子のみが暮らす島へ移住したキリシタンらは、氏子として信仰をカモフラージュし、密かに共同体を築いた。現在はほぼ無人。

集落内にある教会　**旧野首教会 ➡ P.24**

9 頭ヶ島の集落
かしらがしまのしゅうらく
五島列島 MAP 付録P.10 C-2
病人の療養する島に紛れて潜伏

潜伏キリシタンらは人々が寄りつかない病人の療養地だった島を移住先にし、仏教徒を装いながら密かに信仰を続けた。頭ヶ島天主堂の近くには、潜伏キリシタンの指導者屋敷（仮の聖堂）跡が残る。

集落内にある教会　**頭ヶ島天主堂 ➡ P.24**

↑地元で産出される砂岩で造られた頭ヶ島天主堂

10 久賀島の集落
ひさかじまのしゅうらく
五島列島 MAP 付録P.10 B-3
開拓移民となり仏教徒と共生した

五島藩の開拓移民政策を利用して外海の潜伏キリシタンらが島に移住。農業・漁業で仏教徒の島民らと互助関係を保って暮らした。潜伏キリシタンの墓地が残る。

集落内にある教会　**旧五輪教会堂 ➡ P.128**

↑島で最初に建てられた浜脇教会を移築した

11 奈留島の江上集落（江上天主堂とその周辺）
なるしまのえがみしゅうらく
（えがみてんしゅどうとそのしゅうへん）
五島列島 MAP 付録P.10 B-3
仏教集落から離れた谷間へ開拓移住

仏教徒の島民集落から隔絶した地に潜伏キリシタン集落を開拓した。解禁後に建てられた江上天主堂は、在来の建築様式と洋風建築が融合した美しい教会建築。

集落内にある教会　**江上天主堂 ➡ P.24**

↑日本人の大工棟梁が建設した木造教会

12 大浦天主堂 ➡ P.23
おおうらてんしゅどう
長崎市内 MAP 付録P.8 B-2
劇的な信徒発見の地

開国で来日した宣教師と潜伏キリシタンが出会った「信徒発見」の地。これが「潜伏」終焉のきっかけとなった。

↑16世紀に長崎で殉教した日本二十六聖人に捧げられた教会

©2021 長崎の教会群情報センター

長崎と天草地方の潜伏キリシタン関連遺産

特集●夜景

光の芸術を追いかけて
長崎 夜絶景スペシャル

光の渦のきらめきを眼下に一望 展望台の空間も"光のアート"

長崎駅

ベイエリア

ここから見ています
稲佐山山頂展望台
いなさやまさんちょうてんぼうだい

稲佐山 **MAP** 付録P.2 C-4

標高333mの稲佐山山頂に建つ、ガラス張りの円形状の建物。LEDを床に敷きつめた4階屋上が展望スペースとなり、幻想的な光のアートのなか、長崎の夜景を360度楽しめる。2階には展望レストラン(P.33)も。

☎095-822-8888(長崎市コールセンター「あじさいコール」) ㊟長崎市稲佐町稲佐山山頂 ㊐8:00～22:00 ㊋長崎ロープウェイ・稲佐岳駅から徒歩3分 ㋿あり(20分無料、以降30分100円)

お役立ちinformation

長崎ロープウェイ
ながさきロープウェイ

稲佐山 **MAP** 付録P.2 C-4

山麓にある淵神社駅と稲佐山山頂の稲佐岳駅を、全長1090m約5分で結んでいる。ゴンドラのデザインは世界的工業デザイナー・奥山清行氏が率いる会社が担当。360度のパノラマビューが楽しめる。

☎095-861-3640 ㊟長崎市淵町8-1 ㊐9:00～22:00(15～20分間隔で運行) ㊡12月上旬に定期整備のため運休予定 ㊎往復1230円

❶日中は長崎市街が一望。夜は幻想的な光の中を空中散歩

変化に富む地形を持つ長崎は、夜景の美しさも格別。
近年の夜景サミットでは、香港やモナコと並び、「世界新三大夜景」に認定された。
なかでも稲佐山からのビューは感動の連続だ。

思案橋
新地中華街
出島
鍋冠山公園
グラバー園

稲佐山は街いちばんの夜景スポット。すり鉢状の街を俯瞰できる展望台から満喫できる

→ 展望台から望む夜景は、旅のクライマックスのひとつ

長崎 夜絶景スペシャル

長崎稲佐山スロープカー
ながさきいなさやまスロープカー
稲佐山 MAP 付録P.2 C-4
→ P.20

稲佐山山頂展望台へのアクセス方法

●バス＋ロープウェイ	●バス＋長崎稲佐山スロープカー	●車
バス停長崎駅前	バス停長崎駅前	長崎駅前
↓長崎バス3、4番系統 下大橋・小江原・相川行きで5分／160円	↓長崎バス5番系統 稲佐山行きで13分／190円	↓1.2km／4分
バス停ロープウェイ前	バス停稲佐山	国道206号 宝町交差点
↓徒歩2分	↓徒歩2分	
長崎ロープウェイ淵神社駅	長崎稲佐山スロープカー中腹駅	
↓ロープウェイで5分	↓スロープカーで8分	↓5km／15分
長崎ロープウェイ稲佐岳駅	長崎稲佐山スロープカー山頂駅	
↓徒歩3分	↓徒歩3分	
稲佐山山頂展望台		

ここから見ています
鍋冠山公園
なべかんむりやまこうえん

南山手周辺 **MAP** 付録P.8A-4

光に照らされた水面ときらめく長崎港を見渡す

稲佐山の対岸にある標高169mの鍋冠山の公園内にも展望台がある。女神大橋や港の夜景がより間近に。

所 長崎市出雲2-144-1
交 JR長崎駅から車で12分

グラバー園の第2ゲートから南に10分ほど歩くと到着

ここから見ています
長崎県美術館 ➡ P.84
ながさきけんびじゅつかん

出島・ベイエリア **MAP** 付録P.6A-3

美術館の屋上庭園で贅沢な夜景観賞

20時まで一般開放されている美術館屋上から、女神大橋や稲佐山のイルミネーションが一望できる。

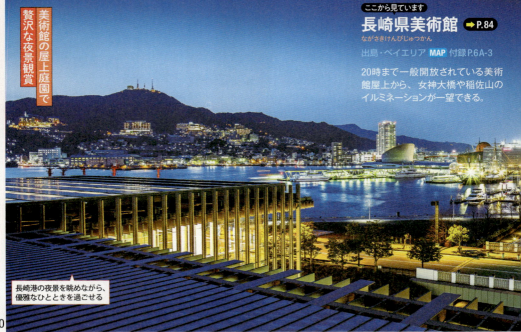

長崎港の夜景を眺めながら、優雅なひとときを過ごせる

特集●夜景

きらびやかにライトアップ 夜の美しさもまた格別

ホテルに宿泊して、幻想的な場内をゆっくり散策するのも一興

長崎 夜絶景スペシャル

ハウステンボス →P.116

ハウステンボス MAP 付録P.12 C-3／P.15上図

ガーデンに流れる青い光の波や、カラフルにライトアップされた建物など、世界最大1300万球のイルミネーションは圧巻。ステージショーやプロジェクションマッピングなども催され、さらに盛り上がる。

ここから見ています
グラバースカイロード

南山手 MAP 付録P.8 C-3

南山手の斜面地の交通手段である斜行エレベーターからは、稲佐山などの夜景が楽しめる。23:30まで運行。
所 長崎市上田町〜相生町
交 石橋電停から徒歩2分

坂道の多い街ならではの設備で、旅の移動にも大いに役立つ

手軽に楽しめる 迫力満点の夜景

ここから見ています
女神大橋
めがみおおはし

長崎市内 MAP 付録P.3 F-4

長崎港に架かる全長1289mの橋から望む、市街地の夜景も素晴らしい。歩きながら眺めが楽しめる歩道も完備。
所 長崎市木鉢町〜戸町
交 JR長崎駅から戸町側の駐車場まで車で15分

↑優雅な姿からヴィーナスウィングとも呼ばれる

手前には造船所のクレーン、奥には長崎市の中心部が見える

水面に映る光と重厚な建築物に注目

夜景観賞のポイント

● **日没前に到着を！**
日没後の20分ほどは「トワイライトタイム」と呼ばれ、夕景から夜景へと変わる空、きらめきを増す街の明かりがロマンティック。日没前には着いていたい。

● **上着を持っていくと安心**
展望台の屋上はフルオープンの空間。山頂なので夜間は冷えやすい。各季節とも上着やストールなどを持っていこう。

● **雨上がりも美しい**
空気が澄んだ雨上がりは、光の渦がいっそうきれいに見える。天候や状況を見ながら判断を。

さんざめく光に包まれて食と酒を味わう幸せな宵
素敵な夜景と愉しむ特別なディナー

日中散策した長崎の街並みや港も、明かりが灯れば幻想的な姿に様変わり。
大切な人と光のアートを見渡しながら、長崎グルメも満喫する夜は、プレミアムな長崎旅に欠かせない。

特集●夜景

予約 可
予算 (L)1080円～
　　 (D)1480円～

感動的に美しい夜景に包まれ
長崎の名物料理に舌鼓

レストラン ロータス

稲佐山 MAP 付録P.2 C-4

南国リゾートの雰囲気漂うホテル内にある展望レストラン。地元の魚介類をはじめ、旬の素材の味を生かしたバラエティに富んだ和洋の料理を取り揃えています。トルコライスなどの長崎名物も充実。特にくずし卓袱龍馬御膳は、気軽に卓袱料理が味わえると観光客にも人気。

☎095-862-5555
（ホテルアマンディ）
所 長崎市曙町39-38 ホテルアマンディ内
営 11:00～22:00(LO21:00)
休 無休　交 JR長崎駅から車で10分
P あり

1.バリ風の開放感あふれる店内。落ち着けるテーブル席のほか、カップルシートも備える　2.きらきら光る一大パノラマに思わず感動。店内はロマンティックな雰囲気　3.14品目が並ぶ長崎和牛付きくずし卓袱龍馬御膳5800円（税別）。長崎和牛陶板焼きなしは2800円（税別）で用意

32

予約 可
予算 Ⓛ 2200円～
    Ⓓ 6600円～

きらめく港を眺めながら
五感が喜ぶ創作料理を

Restaurant FOREST
レストラン フォレスト

稲佐山 MAP 付録P.3 D-4

大人の夜景リゾートと評判のホテル(P.154)内にある一流店。メニューはコース料理のみで、長崎の旬を一皿に表現。地の食材、特に野菜をソースの軸とした料理が味わえる。見た目にも美しく、まるでアートのよう。ワインとのマリアージュも楽しみだ。

1. 料理、雰囲気、サービスともに素晴らしく、特別な一日を演出してくれる　2. 野菜が主役。目でも舌でも楽しませてくれる

☎ 095-864-7775
所 長崎市秋月町2-3 ガーデンテラス長崎ホテル＆リゾート内 グランドテラス棟2F　営 11:00～14:00(LO) 17:00～21:00(LO)　休 無休
JR長崎駅から車で10分　P あり

長崎の特選素材を鉄板焼で
バーとしての利用もおすすめ

予約 望ましい
予算 Ⓓ 7260円～

The House of 1995
ザ ハウス オブ ナインティーンナインティファイブ

稲佐山 MAP 付録P.2 C-4

長崎が誇る特選素材を鉄板焼スタイルで。全国和牛能力共進会で日本一に輝いた実績を持つ長崎和牛をはじめ、伊勢エビやアワビなどの海鮮が目の前で焼き上げられていく、贅沢なエンターテインメントを楽しもう。記念日の粋なサプライズも好評。

1. プロポーズ成功率も高い、ロマンティックな空間　2. 日本一の誉れ高い長崎和牛をはじめ、伊勢エビなど自慢の海鮮がズラリ

☎ 095-861-0055（ルークプラザホテル）
所 長崎市江の浦町17-15 ルークプラザホテル4F　営 2部制17:30～19:15　19:30～22:00　休 無休　JR長崎駅から車で7分　P あり

全席から夜景を一望できる
展望台のレストラン

予約 不可
※コース料理(3780円～)込の席予約は可能
予算 ⓁⒹ 1100円～

ひかりのレストラン

稲佐山 MAP 付録P.2 C-4

全面ガラス張りの窓を通して、ロマンティックなカウンター席からは世界新三大夜景に選ばれた壮大なパノラマを一望。一番人気の長崎和牛を使用した贅沢なステーキトルコライスのほか、長崎名物ちゃんぽんや皿うどんなども気軽に楽しめる。

1. 長崎和牛を使用したステーキトルコライスはシンプルな味付けで　2. 夜景が楽しめるようあえて照明を落とした、上質な大人の雰囲気

☎ 095-862-1050
所 長崎市稲佐町364 稲佐山山頂展望台2F　営 11:00～21:30(LOフード20:30 ドリンク21:00)　休 無休
JR長崎駅から車で20分　P あり

素敵な夜景と愉しむ特別なディナー

↑多産な豚は富の象徴。おめでたいモチーフ

↑縁結びの神様、月下老人や三国志の英雄など、人型のオブジェは迫力満点

眼鏡橋で有名な中島川、中島川公園も、おもな会場のひとつ

特集●夜景

中華街を中心にいっそう華やかさと賑わいが増す冬の風物詩

長崎ランタンフェスティバル

旧暦元日〜15日

MAP 付録P.6 C-3
(長崎新地中華街)

さまざまな形と色のランタンが街をあでやかに彩り、豪華絢爛な催し物が人々を楽しませてくれる。中国文化が早くから根付いた長崎ならではのお祭りは、冬に長崎へ旅をするなら必ず訪れたい。

**新地中華街が発祥の春節(旧正月)祝い
長崎の冬を彩るきらびやかな光の祭典**

　春節と呼ばれる旧暦の正月を祝うお祭り。長崎新地中華街(P.54)、中央公園、唐人屋敷跡(P.54)、興福寺(P.57)、鍛冶市、浜んまち、孔子廟と7つの会場を中心に周辺一帯で1万5000個ものランタンが灯され、龍や干支、中国の神様や偉人などをモチーフにしたカラフルなオブジェが飾られる。また、獅子舞や龍踊り、皇帝パレードなども華やかに催され、観客を魅了。初日夕方の点灯式と並び、人気を博している。

☎095-822-8888(長崎市コールセンター「あじさいコール」)
会場 湊公園、長崎孔子廟、唐人屋敷跡、中島川公園、浜んまちなど長崎市内各所
HP www.at-nagasaki.jp/festival/lantern/

湊公園 _{主な会場}
みなとこうえん

長崎新地中華街周辺 **MAP** 付録P.6 C-3

新地中華街・湊公園がメイン会場。巨大なオブジェも園内に設置される。

 長崎市新地町1500-1
 長崎新地ターミナルバス停から徒歩2分

↑中国式の提灯は、赤、黄、桃色と色鮮やか

↑お正月のフェスティバルとあって、干支も定番のモチーフだ

見どころはコチラ

● **孔子廟** ➡ P.41
こうしびょう

東山手 **MAP** 付録P.8 C-2

ランタンが灯り、いつもよりいっそう幻想的。中国の楽器や変面ショーなどの演目も催される。

● **龍踊り**
じゃおどり

唐人服を着た龍衆が20mもの龍を操り、龍は巨体をくねらせて踊る。

34

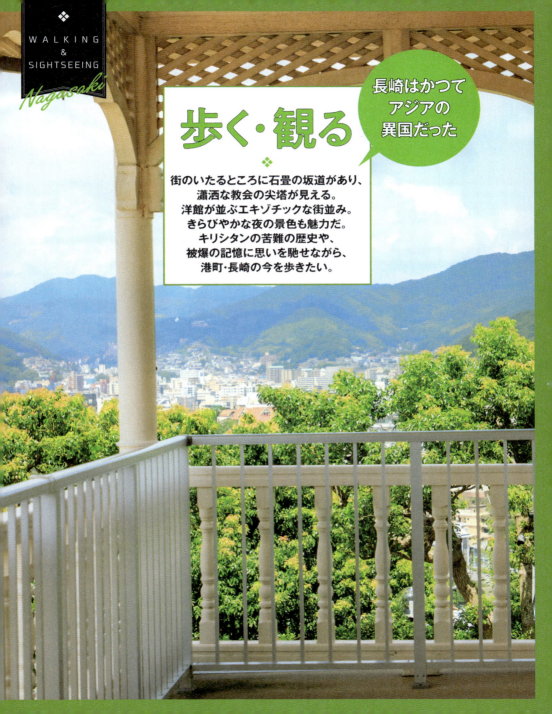

WALKING & SIGHTSEEING
Nagasaki

歩く・観る

長崎はかつてアジアの異国だった

街のいたるところに石畳の坂道があり、
瀟洒な教会の尖塔が見える。
洋館が並ぶエキゾチックな街並み。
きらびやかな夜の景色も魅力だ。
キリシタンの苦難の歴史や、
被爆の記憶に思いを馳せながら、
港町・長崎の今を歩きたい。

旅のきほん 1

エリアと観光のポイント
長崎はこんな街です

まずは行ってみたいエリアを決めて、心に残る、自分だけの街歩きへ出かけよう！
エリア間の移動は、路面電車を軸にして、徒歩での移動をうまく取り入れたい。

歩く・観る●旅のきほん

洋館や教会、坂が異国情緒を醸す
南山手・東山手 ➡P.40
みなみやまて・ひがしやまて

南山手は外国人居留地として栄え、教会や邸宅、洋館が残る。東山手のオランダ坂など、情趣あふれる道も多い。

観光のポイント 世界遺産のグラバー園や大浦天主堂をメインに周辺を巡りたい

↑西洋の雰囲気が漂う、見どころが多い

新旧の港町の移り変わりを感じる
出島・ベイエリア ➡P.48
でじま・ベイエリア

出島は鎖国時代の貿易窓口としての姿が復元されている。長崎港に出ると商業施設や美術館があり海を見ながら散策できる。

観光のポイント 出島の復元施設を見学し、ベイエリアのレストランなどで休憩

↑長崎出島ワーフや長崎県美術館に注目

名物グルメを楽しむチャイナタウン
長崎新地中華街 ➡P.54
ながさきしんちちゅうかがい

鮮やかな中華門をくぐると約40軒の中国料理店や雑貨屋が立ち並び、狭いエリアながら中華エッセンスが凝縮している。

観光のポイント ちゃんぽんや皿うどんを食べたり、中華まんのテイクアウトがおすすめ

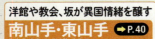
↑約100mの道が交差した十字路が中華街

個性豊かな歴史ある街並みを歩く
眼鏡橋・寺町・思案橋 ➡P.56
めがねばし・てらまち・しあんばし

眼鏡橋の周辺は風情ある街並みが続き、その東には龍馬ゆかりのスポット、東南に鮮やかな唐寺が並ぶ寺町がある。買い物やグルメなら繁華街の浜町や思案橋へ。

観光のポイント 興福寺や長崎市亀山社中記念館など歴史スポットが点在

↑中島川に架かる眼鏡橋は街のランドマーク

戦争の悲劇を語り継ぐ祈念の地
平和公園・浦上 ➡P.62
へいわこうえん・うらかみ

原爆の爆心地となったエリアで、平和を願う平和公園をはじめ、原爆の恐ろしさを伝える資料館や遺構が点在する。平和について改めて思いをめぐらせたい。

観光のポイント 被爆の真実を伝える原爆資料館や平和祈念像のある平和公園へ

↑平和祈念像は平和を願う長崎のシンボル

旅の起点となるターミナル駅
長崎駅周辺 ➡P.66
ながさきえきしゅうへん

JR長崎駅が市内各エリアへの起点となる。大きな駅ビルが隣接し、最後のおみやげ選びにも重宝する。

↑日本二十六聖人の殉教地

観光のポイント 路面電車にはここで乗り換え。駅隣接のアミュプラザ長崎が便利

港と山々が織りなすきらめく夜景
稲佐山 ➡P.28
いなさやま

標高333mの低山ながら、地形の妙で世界新三大夜景にも選ばれた。山沿いの家々の光が立体的で美しい。

↑夜景は山頂の展望台へ

観光のポイント 山頂へはタクシーのほか、道中も楽しいロープウェイでアクセス

旅のきほん 2

公共交通機関を乗りこなして、スムーズにアクセス
長崎市内を移動する

旅の拠点は2020年に新しくなったJR長崎駅。ここから路面電車かバスに乗って、各エリアに向かう。旅の強い味方でもある1日乗車券は手に入れておきたい。

路面電車

路面電車を利用すれば、市内の主な見どころは網羅できる。本数も多くて便利なので、積極的に乗車してみよう。

路面電車のルート
市内観光に欠かせない長崎電気軌道の路面電車は、1・3・4・5号の4本の系統があり、1回の乗車運賃は130円。

行き先と主要区間

系統番号	運行区間	所要時間	運行間隔
1号系統	赤迫〜出島〜新地中華街〜崇福寺	35分	5分
3号系統	赤迫〜桜町〜市民会館〜蛍茶屋	33分	6分
4号系統	崇福寺〜市民会館〜蛍茶屋	16分	20分
5号系統	石橋〜新地中華街〜蛍茶屋	23分	9分

乗り方や降り方、乗り継ぎ方法

●**乗り降り** 進行方向の後方または中央の扉から乗車し、前方の扉から降車する。整理券はなく、運賃は直接運賃箱に投入する。全国相互利用交通系ICカード(10種類利用可能)の場合は、乗車時に入口のカードリーダーにタッチし、降車時に運転席横のカードリーダーにタッチする。

●**乗り継ぎ** 新地中華街電停か市民会館電停で乗り換える場合は、2回目の運賃は不要。全国相互利用交通系ICカードの場合は乗り降り時、カードリーダーにタッチするだけで適用される。現金で運賃を支払う場合は、運賃と引き換えに運転士から「乗換券」をもらう。乗り継ぎ後の電車を降りる時に運賃箱に券を入れれば、運賃は不要となる。ただし、乗換券の取り扱いは2021年3月31日で終了する。同系統および区間が重複する場合は利用できない。※長崎電気軌道HPで要確認

お得なチケットを探す

一日中乗り降り自由になる**一日乗車券(500円)**が、長崎駅構内の観光案内所や主要ホテルなどで購入できる(車内では販売されていない)。スマートフォンに「長電アプリ」(無料)をダウンロードして購入する**モバイル乗車券(一日券500円、24時間券600円)**もある。24時間券はスマートフォンでのみ販売。

路線バス

長崎市内を走るのは長崎県営バスと長崎バスの2社。初乗り料金は一部区間を除いて160円で、稲佐山方面や風頭山方面ほか、市内の主要エリアを網羅している。世界遺産に登録された出津教会堂(P.23)などがあるエリアへ向かうには、長崎駅前から長崎バス・板の浦行きに乗車。

長崎市内観光1日乗車券

市内指定区間が1日乗り降り自由になる乗車券。観光案内所などで購入できる。区間外乗車の場合は、別途運賃が必要。
☎095-826-1112
(長崎バス総合サービスセンター)
料 500円、小学生以下250円
購入場所 長崎駅構内の観光案内所、新地総合サービスセンター、ココウォークバスセンターなど

ガイド付きで楽しい観光バスツアー
長崎よかとこコース

ガイドの解説付きで、長崎の風土や歴史により深くふれられる。平和公園や出島、グラバー園などを巡る。長崎駅前の定期観光バス案内所で受付、出発。要予約。
☎095-856-5700(長崎バス観光)
運行時間 毎日運行 10:00発、12:00発の2便
所要時間 4時間55分 **料** 4290円(施設入場料込み)、高校生3650円、中学生3335円、子供2075円

観光タクシー

地元に詳しい乗務員がていねいに案内してくれる観光タクシーもおすすめ。要予約。

●問い合わせ先
長崎観光個人タクシー出島会 ☎095-845-2299
長崎ラッキータクシー ☎095-844-1188
光富個人タクシー ☎090-8407-6903

路面電車と周辺路線図

↑JR長崎駅からは歩道橋を通って路面電車に乗り換える

↑斜行エレベーター「グラバースカイロード」(P.31)は、石橋電停からグラバー園(P.42)へのアクセスに便利

↑聖福寺(P.67)の鬼瓦塀

お役立ちinformation

観光情報

観光案内所ではパンフレットなど散策に役立つ情報が入手できる。長崎をより深く知りたい人には街歩きツアーもおすすめだ。

長崎市総合観光案内所
ながさきしそうごうかんこうあんないじょ

長崎駅 MAP 付録P.4A-2

情報収集に便利な長崎駅構内の観光案内所。スタッフも常駐。
☎095-823-3631
所長崎市尾上町1-60(JR長崎駅構内)
営8:00〜20:00 休無休

↑改札を出てすぐの場所にあるので、立ち寄りやすい。路面電車の一日乗車券も販売している

地元ガイドの街歩きツアー

長崎さるく
ながさきさるく

「さるく」とは、街をぶらぶら歩くという意味の長崎弁。街歩きを楽しむ「通さるく」(要予約)は、希望の日時で地元ガイドが案内する。長崎の魅力が詰まった多彩なコースが用意されている。
☎095-811-0369(長崎さるく受付)
営9:00〜17:30 所要時間・料コースによって異なる(HPで確認) www.saruku.info/

↑30のコースから選べる

↑独自の散策コースを設定

歴史を伝える、洋館、坂道、港の光景

南山手・東山手
みなみやまて・ひがしやまて

界隈に多い坂道を上りつつ散策すれば、歴史を物語る洋風住宅の姿を今も見かけることができる。地形と異国文化がかたちづくる叙情的な風景を満喫する。

街歩きのポイント
- 世界遺産に登録されている大浦天主堂を見学する
- 洋館や孔子廟など和洋中の文化が入り交じる妙を感じる
- 長崎らしい美しい坂道を歩きつつ街並みを見下ろす

歩く・観る ● 南山手・東山手

大浦天主堂の正面入口のマリア像は、日本の潜伏キリシタン発見を記念してフランスから贈られ、「日本の聖母」として設置されたもの

©2021 長崎の教会群情報センター

大浦天主堂とグラバー園を中心に周辺の坂道を上ったり下りたり

室町末期から南蛮貿易の舞台である港町として栄えた長崎。特に南山手・東山手地区は、鎖国から開国に至ると外国人居留地として整備され、イギリス、フランス、アメリカ、ロシアなどの領事館や洋館が立ち並ぶエキゾチックな街だった。今も随所にかつての姿が残り、人気の観光名所である大浦天主堂や洋風住宅群もこの界隈に集まり、長崎を代表するエリアだ。石畳の坂道から望む、洋館や教会や港。異国情緒あふれる街を歩けば、歴史が紡ぐ物語が見えてくる。

➡東山手にあるオランダ坂は、長崎でも代表的な坂道のひとつ

大浦天主堂
おおうらてんしゅどう
世界遺産
南山手 MAP 付録P.8 B-2

日本最古の現存するカトリック教会 ステンドグラスが素晴らしい

江戸幕府が鎖国政策を改め開国した4年後、安政5年(1858)の日仏修好通商条約に基づき、居留地に住むフランス人のために、宣教師のフューレ、プティジャン両神父によって文久3年(1863)に司祭館が建造され、元治2年(1865)には献堂式を催行。建築様式は3本の塔を持つゴシック風の構造で、正面中央はバロック風、外壁はなまこ壁だったが、その後大規模な増改築を行って、明治12年(1879)、外壁をレンガにするなどゴシック建築となった。天主堂は長崎西坂の丘で殉教した二十六聖人(P.66)に捧げられた教会であることから、正面はその丘に向けられている。しかし、フランス寺と呼ばれたこの天主堂はやがて新しい歴史の舞台と化すことになる。天主堂が完成した直後、見物の一団が浦上から訪れて、自分たちがキリシタンであることをそっと神父に告白した。これが長崎のキリシタン発見だ。浦上に続いて、長崎地方一帯の潜伏キリシタンも続々と姿を現すが、3000余の信徒が流刑となった。これを浦上四番崩れ、と呼ぶ(P.75)。現在、天主堂を訪れる観光客にとって最大の魅力は、聖堂内のステンドグラスだろう(P.22)。特に、正面祭壇中央の奥にある十字架のキリスト像が素晴らしい。幅約1.5m、高さ約3m。キリストの右に聖母マリア、左に使徒ヨハネ、十字架の下にはマグダラのマリアがひざまづく。

☎ 095-823-2628 所 長崎市南山手町5-3
時 8:00〜18:00(12〜3月8:30〜17:30 ※受付は各30分前まで 休 無休 料 1000円
交 大浦天主堂電停から徒歩5分 P なし

オランダ坂や孔子廟がある
東山手
ひがしやま
MAP 付録P.8
外国人居留地の造成期に造られた官庁や教会などが坂道に立ち並び、「坂の街・長崎」の景色が楽しめる。

坂の上に見どころが多数
南山手
みなみやま
MAP 付録P.8
世界遺産の大浦天主堂や旧グラバー住宅などの文化財が多数。坂の上から海の見える名物坂道も必見。

立ち寄りスポット

大浦天主堂キリシタン博物館
おおうらてんしゅどうキリシタンはくぶつかん

大浦天主堂敷地内にある旧長崎大司教館と、日本人司祭育成を目的に設立された旧羅典神学校をリニューアルし、博物館として2018年にオープン。伝来、弾圧、潜伏などキリスト教信仰の歴史を伝える資料が約130点展示されている。

南山手 MAP 付録P.8 B-2
☎095-801-0707 所長崎市南山手町5-3
時8:00〜18:00 12〜3月8:30〜17:30
※受付は各30分前まで 休無休
料1000円(大浦天主堂の拝観料込)
交大浦天主堂電停から徒歩5分 Pなし

孔子廟
こうしびょう

東山手 MAP 付録P.8 C-2

中国の思想家、孔子を祀る霊廟
本格的中国様式は日本で唯一

明治26年(1893)、中国清朝政府と華僑によって建造。本国の総本宮並みの壮麗な伝統美を誇る。併設の中国歴代博物館では、北京の故宮博物院提供の宮廷文化財や、中国歴史博物館提供の出土文化財を展示している。

◯極彩色に彩られた華麗な廟宇。現在の廟宇は修復を重ね昭和58年(1983)に完成。中国の歴史や美意識にふれる

☎095-824-4022 所長崎市大浦町10-36
時9:30〜18:00(入館は〜17:30) 休無休
料660円 交大浦天主堂電停から徒歩3分 Pなし

◯孔子像や72賢人石像はじめ、琉璃瓦や青白石製欄干ほかの建材は中国から取り寄せられた

◯孔子像に参拝。『論語』で知られる約2500年前の中国の思想家

園内一の見どころである旧グラバー住宅は、現存する日本最古の木造洋風建築で築150年以上。バンガロー風の外観が興味深い。※2021年10月頃(予定)まで工事中

©グラバー園所蔵

歩く・観る ●南山手・東山手

日本近代化のキーパーソン グラバーの秘密に迫る

グラバー園
グラバーえん

幕末～明治期のハイカラな空気漂う 9つの美しい洋風建築が集合

　昭和49年(1974)の開園より、日本近代化の象徴として多くの観光客を集めてきたグラバー園。開港まもない長崎にやってきたトーマス・B・グラバーが文久3年(1863)に建設した旧グラバー住宅など当時からある建物に加え、市内に点在していた6つの洋風建築を移築・復元し、現在9つの建物を公開中だ。園内2カ所にある幸福をもたらすというハートストーンや、期間限定で行われる夜間開園など、何度も訪れたい魅力にあふれている。2015年の旧グラバー住宅世界文化遺産登録により、国内外から注目されている。

南山手 MAP 付録P.8 B-3
☎095-822-8223 所長崎市南山手町8-1
時8:00～18:00(入園は～17:40)
※夜間開園についてはHPで要確認 休無休
料620円 交大浦天主堂電停から徒歩5分 P なし
体験ツアー
園内ツアー 開土・日曜、祝日11:00、14:00 料無料

観光のポイント
- 世界遺産に登録された旧グラバー住宅などの洋風建築
- 建物を讃えるように咲く、色鮮やかな季節の花々
- 居留地の外国商人も眺めた高台から一望する長崎港の絶景

→ 2つのハートストーンのうち、1カ所は長崎伝統芸能館への道中にある

→『蝶々夫人』を演じた日本が誇るプリマドンナ、三浦環(みうらたまき)の像

グラバースカイロードからは第2ゲートからの入園が便利

42

激動の幕末に暗躍した男たちの館
日本近代史の舞台として現存

旧グラバー住宅
きゅうグラバーじゅうたく

世界遺産

この館の前庭で歌姫マリア・カラスの「ある晴れた日に」を口ずさむと、往時を偲ぶ心持ちになる。プッチーニのオペラ『蝶々夫人』の代表曲だ。舞台は長崎湾を見下ろす南山手の丘。旧グラバー住宅は、館の主トーマス・B・グラバーが25歳の折に建造。現存する木造洋風建築としては日本最古のものとして、国指定の重要文化財となっている。当初は貿易会社「グラバー商会」の本拠地として、日本の特産品のお茶や生糸などを輸出していたが、やがて西洋の武器弾薬を扱い、薩摩・長州・土佐藩と商談を行い、討幕派・佐幕派を問わず取引をし財を成した。幕末・明治の歴史に名を残した男たちが出入りし、館は時代を動かす舞台となった。

※2021年10月頃(予定)まで工事中のため、内部の見学は不可。詳細はHPで要確認

→ゲスト用に用意された寝室には、ベッド、パーソナルチェアが配置されている

→眺めの良い場所に設けられた暖炉のある洋室は、家族のくつろぎの空間

↑テーブルには当時の豪華な西洋料理が並べられ、来客で賑わうグラバー邸の大食堂が再現されている

↑庭の花壇はいつも手入れが行き届き、華やかに花が咲く

グラバー園

トーマス・B・グラバー
トーマス・ブレーク・グラバー
天保9年(1838)〜明治44年(1911)

→旧グラバー住宅に立つ像

グラバーは波乱の人生を生きた。ロマンに満ちた、といってもいい。スコットランドに生まれ、安政6年(1859)上海の「ジャーディン・マセソン商会」に入り、そのまま訪日したのが21歳。23歳で長崎代理人として独立、グラバー商会を設立した。武器商人として、幕末の日本で暗躍し、高杉晋作、亀山社中の坂本龍馬などとも取引したりする一方で、伊藤博文や井上馨、大阪財界の重鎮となる五代友厚らの渡欧にも手を貸している。日本の産業革命における功績も大きく、薩摩藩と共同で日本で最初の洋式ドックを建設したりした。前後して、のちに三菱を創始する土佐出身の岩崎彌太郎に会うと、やがて炭鉱の仕事にも手を染めることになる(P.81)。日本で初めて蒸気機関を導入し、佐賀藩と共同で炭鉱の開発を行った(P.80)。東京へ出ると、鹿鳴館の社交界にもデビュー。多彩な生涯を73歳で終えた。

日本では珍しい
重厚感のある木骨石造
旧リンガー住宅
きゅうリンガーじゅうたく

木材と石材が調和した木骨石造という日本には珍しいスタイルの建築物。三方をベランダで囲まれた南欧風バンガロー形式で、開放的ながらも重厚さを備えた美しさで国指定重要文化財。

➡貿易やホテル業などさまざまな事業を行ったイギリス人の一家が住んだ

大浦天主堂を手がけた建築家
小山秀之進が設計
旧オルト住宅
きゅうオルトじゅうたく

石柱が並ぶベランダの中央にポーチを配した幕末洋風建築の傑作。玄関の左側に咲くモッコウバラの見頃は4月中旬～下旬。

➡緑茶の貿易で富を築いたオルトの邸宅は調度品も一流のものばかり

➡石柱が並び回廊状の空間をつくる。玄関の噴水一基も重要文化財

瓦屋根や庇などに
和風テイストが感じられる住宅
旧ウォーカー住宅
きゅうウォーカーじゅうたく

明治中期に大浦天主堂そばにあったものを移築、英国人ウォーカー親子が、明治10年代から約70年生活したといわれる。屋根から続く庇や日本瓦など細部に日本趣味がのぞく。

➡落ち着きを感じさせるシックなインテリア

各階とも正面にベランダがある
木造2階建ての洋風建築
旧三菱第2ドックハウス
きゅうみつびしだいにドックハウス

明治初期の典型的な洋風建築で、昭和47年(1972)に当時の三菱造船株式会社より長崎市が寄贈を受け移築復元された。ドックハウスとは、船が造船所に入って修理している間に船員が宿泊する施設のこと。

➡国内で最も高いところに位置するベランダから見た長崎港

伝統の祭り、長崎くんちを
映像で体験
長崎伝統芸能館
ながさきでんとうげいのうかん

370年余の歴史を誇る「長崎くんち」に奉納する踊りの龍や豪華な飾りを展示。園内散策の休憩時に立ち寄りたいショップも併設。

> 立ち寄りスポット

日本初の西洋料理店跡
自由亭喫茶室
じゆうていきっさしつ
南山手 MAP 付録P.8 B-2

草野丈吉が開いた日本初の西洋料理店を明治11年(1878)に移築。往時の雰囲気そのままにお茶を楽しめる。

☎095-823-8770 所長崎市南山手町8-1 グラバー園内 営9:30～17:15(LO16:45) 休交Pグラバー園に準ずる

↑「喫茶室」の響きがぴったりなレトロな空間

↑大人気のカステラセット

グラバー園オリジナルのおみやげ
グラバー園 ガーデンショップ
グラバーえん ガーデンショップ
南山手 MAP 付録P.8 A-2

園内のハートストーンをモチーフにした限定グッズや、蝶々夫人をイメージした香水や化粧小物などグラバー園ならではの定番みやげが揃う。

所長崎市南山手町8-1 グラバー園内 営休交グラバー園に準ずる

→オリジナルのしおり＆ピンズセット648円

↑資生堂とのコラボ企画、蝶々夫人の香水　↑ハートのペーパーウェイト2160円

伝統の角煮まんをバーガーに
岩崎本舗 グラバー園店
いわさきほんぽ グラバーえんてん
南山手 MAP 付録P.8 B-2

「グラバー園」「大浦天主堂」へ続く坂の途中にある。長崎和牛100％使用で人気の白バーガーは抜群の食感。

☎095-811-0111 所長崎市南山手町2-6 営8:45～18:15 休無休 交大浦天主堂電停から徒歩2分 Pなし

↑ふわっとした皮とジューシーな肉！白バーガー648円

グラバー園

> 南山手・東山手にある石畳の坂、レトロ坂

海を望む坂道や、雨の音が響く坂道。一歩一歩上れば昔と今が見えてくる。

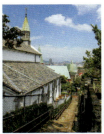

遠く海が見える坂
祈念坂
きねんざか

大浦天主堂などの裏手にある。坂の上から海と教会の塔が望める。
南山手 MAP 付録P.8 B-2

心臓破りの長い急坂
相生地獄坂
あいおいじごくざか

グラバー園第2ゲート方面に上る坂道。グラバースカイロード(P.31)と並行。
南山手 MAP 付録P.8 B-3

坂は今も永遠の夏休みのまま
プール坂
プールざか

昔、坂の脇に今は閉校した小学校のプールがあったためこう呼ばれた。
南山手 MAP 付録P.8A-4

数軒の洋館が今も残る
どんどん坂
どんどんざか

雨が降ると石畳の側溝を水がドンドンと音をたてて流れる。
南山手 MAP 付録P.8 A-3

オランダさんが通る坂
オランダ坂(東山手)
オランダざか(ひがしやまて)

東洋人以外の「オランダさん」が往来した居留地の坂がこう呼ばれた。今は主に碑が立つ東山手の坂をいう。
東山手 MAP 付録P.8 C-1

↑石橋電停の近くにあるオランダ坂

45

長崎市旧香港上海銀行長崎支店記念館 長崎近代交流史と孫文・梅屋庄吉ミュージアム
ながさきしきゅうほんこんしゃんはいぎんこうながさきしてんきねんかん
ながさききんだいこうりゅうしとそんぶん・うめやしょうきちミュージアム

貿易を支えた英国の銀行
明治37年(1904)竣工の石造りの洋館で、国指定重要文化財。長崎近代交流史と孫文・梅屋庄吉ミュージアムが併設され、近代の海外交流史や中国との深い関わりが学べる。

南山手 **MAP** 付録P.8 B-1
☎095-827-8746
所 長崎市松が枝町4-27
時 9:00〜17:00
休 第3月曜(祝日の場合は翌日) 料 300円
交 大浦天主堂電停から徒歩3分 P なし

↑長崎市内の石造り洋館としては、最大級の建物

明治の長崎で歴史を紡いだ人々の建物たち
「オランダ坂」から洋館めぐり

「オランダ坂」とは、かつてオランダ人などが歩いた坂という意味で、居留地周辺の坂はすべてこう呼ばれた。開港直後に開いた外資銀行や外国人のための賃貸住宅などは現在、修理や復元保存され、資料館やカフェとして活用。外国人居留地の記憶を今に伝える。

歩く・観る ● 南山手・東山手

東山手洋風住宅群
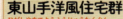
ひがしやまてようふうじゅうたくぐん

東山手の街並みの貴重な存在
7棟は明治20年代後半頃に建築された。社宅や賃貸住宅として建てられたと推定され、こうした住宅の遺構群は全国的にも稀だ。

東山手 **MAP** 付録P.8 C-2
☎095-820-0069(東山手地区町並み保存センター) 所 長崎市東山手町6-25
時 9:00〜17:00 休 月曜(祝日の場合は開館) 料 無料(古写真資料館・埋蔵資料館は100円) 交 石橋電停から徒歩5分 P なし

↑昭和後期に保存修理され、現在6棟は資料館やレストランとして公開

東山手地区町並み保存センター

↑東山手地区の資料をパネルやビデオで展示する

古写真資料館・埋蔵資料館

↑明治中期に建築された4棟を資料館として開放

南山手レストハウス
みなみやまてレストハウス

居留地時代の住宅で休憩
石造りの外壁で外国人居留地初期の特徴的な住宅。門から長崎港が望める。館内では長崎の歴史資料を展示。

南山手 MAP 付録P.8 B-3
☎ 095-829-2896 ㊃ 長崎市南山手町7-5
⏰ 9:00～17:00 休 無休 料 無料
交 石橋電停からグラバースカイロードを利用して徒歩5分 P なし

↑グラバー園に近接。石造と木造の併用
写真提供：長崎市教育委員会

↑2階は研修室として利用できる

南山手地区町並み保存センター
みなみやまてちくまちなみほぞんセンター

南山手の街並み保存の拠点
明治中期に英国人ウィルソン・ウォーカーが建てた質の高い住宅。昭和後期に移築・復原され、居留地時代のジオラマや資料が展示されている。

南山手 MAP 付録P.8 B-2
☎ 095-824-5341 ㊃ 長崎市南山手町4-33
⏰ 9:00～17:00 休 月曜（祝日の場合は翌日）
料 無料（研修室利用は有料）
交 大浦天主堂電停から徒歩6分 P なし

洋館カフェでひと休み

国際交流で賑わう
東山手「地球館」
ひがしやまて「ちきゅうかん」

東山手 MAP 付録P.8 C-2

東山手洋風住宅群の中にあり、ベトナムコーヒーやスリランカの紅茶が人気。

☎ 095-822-7966 ㊃ 長崎市東山手町6-25 ⏰ 10:00～16:30（LO、ランチは日曜のみ）休 火・水曜
交 石橋電停から徒歩3分 P なし

↑ココアケーキ250円とスリランカの紅茶（ウバ）350円

↑洋風建築に瓦屋根という和洋折衷が長崎らしい

居留地の面影が残る
東山手甲十三番館
ひがしやまてこうじゅうさんばんかん

東山手 MAP 付録P.8 C-1

フランス領事館だったこともある瀟洒な洋館。1階のカフェスペースも素敵な雰囲気。

☎ 095-829-1013 ㊃ 長崎市東山手町3-1 ⏰ 10:00～17:00
休 月曜（祝日の場合は翌日）
交 大浦海岸通電停から徒歩4分 P なし

↑オランダ坂の上り口にある洋館

↑居留地セット500円。カステラアイス付き

美術品を鑑賞しながらコーヒータイム
Museum Cafe 南山手八番館
ミュージアム カフェ みなみやまてはちばんかん

南山手 MAP 付録P.8 B-2

長崎ゆかりの美術品を所蔵する長崎南山手美術館（P.88）の1階にある、落ち着いた雰囲気のカフェ（カフェのみの利用も可能）。

☎ 095-870-7192（長崎南山手美術館）
㊃ 長崎市南山手町4-3
⏰ 10:00～16:00 休 毎月1・16日
交 大浦天主堂電停から徒歩5分 P なし

↑幕末コーヒー800円。江戸時代の波佐見焼の器でいただく

↑窓から長崎港が望める。壁には絵画が飾られた明るい店内

「オランダ坂」から洋館めぐり

変貌を続けるウォーターフロント
出島・ベイエリア
でじま・ベイエリア

鎖国時代に西欧に開かれた日本の唯一の窓となった出島は、19世紀初頭の姿を見せている。周辺のベイエリアには、楽しい商業施設や水辺の公園が広がる。

夜の散歩や食事も楽しめるスポット

歩く・観る●出島・ベイエリア

街歩きのポイント
- 長崎の歴史と文化に思いを馳せつつ、出島と港を巡る
- 魅力的な飲食スポットが多い長崎出島ワーフで、ぜひ食事を
- 長崎水辺の森公園では、潮風を感じながら時を忘れて憩う

鎖国時代の復元と最先端スポット
出島と港には旬の文化が集う

江戸幕府の鎖国政策のもと、200年以上にわたり西洋との唯一の交流の場だった出島だが、2000年から19世紀の館を次々と復元し、一帯が往時の面影に。それを取り巻くベイエリアには、洗練された飲食スポットが集まる複合商業施設や緑の公園が広がるなど、旅を彩る憩いのスポットが勢揃いしている。

↑復元され、当時の様子を伝える出島の街並み

19世紀の復元船に乗船する

鎖国時代の歴史的な船を復元したクルーズ船に乗って、長崎港を周遊。海から眺めるグラバー園などの名所は格別の美しさだ。

新・観光丸 長崎港めぐり
しん・かんこうまる ながさきこうめぐり
MAP 付録P.6A-1
☎095-822-5002（やまさ海運）
所長崎市元船町17-3 長崎港ターミナルビル1F7番窓口 運行時間16:00※3〜11月の火・水曜（祝日を除く）、12〜2月は運休 所要時間1時間 ￥2000円
交大波止電停から徒歩3分 Pあり

↓19世紀にオランダ国王から13代将軍・徳川家定に贈呈された「観光丸」を現代の仕様で復元

長崎出島ワーフ
ながさきでじまワーフ
MAP 付録P.6A-2

ウッドデッキに個性的な店が集合
潮風が吹くテラスで憩い、遊ぶ

長崎港に面する2階建ての複合商業施設。ウッドデッキの広場に沿って、地物海鮮が評判の和食店、街伝統の洋食店、コーヒーの名店、アウトドアショップなど約20軒が並ぶ。食事をしながら港や稲佐山の眺めを楽しんだり、テラス席で潮風に吹かれたりと、大人の自分癒やしが充実。ロマンティックな夜景も心に残る。

☎095-828-3939
（長崎出島ワーフ管理事務所）
所長崎市出島町1-1 休店舗により異なる
交出島電停から徒歩2分
P提携駐車場利用

↑運河と緑地など港町の自然が調和し、野外劇場なども配した公園は、建築・環境デザイン部門のグッドデザイン金賞を受賞。旅の間にゆったりくつろげる場所だ

長崎水辺の森公園
ながさきみずべのもりこうえん
MAP 付録P.6A-3

運河と緑が心地よい広大な公園で地元っ子のようにのんびりくつろぐ

長崎港の南側に広がる街最大の癒やしスポット。約7.6haの敷地に、大地の広場、水の庭園、水辺のプロムナードなど、テーマ別のゾーンが広がり、その間を全長約900mの運河がめぐる。「月の舞台」や「森の劇場」など野外劇場も点在。港と稲佐山の眺めも素晴らしく、船の汽笛が旅情をかきたてる。

☎095-818-8550(管理事務所)
所 長崎市常盤町22-17　休 入園自由
交 メディカルセンター／大浦海岸通電停から徒歩3分
P あり(有料)

→公園は運河と緑地を介して、県屈指のミュージアム、長崎県美術館(P.84)とつながる

→国際的な大型客船もよく見受けられ、華やかなムードが漂う

長崎港 松が枝国際ターミナル
ながさきこうまつがえこくさいターミナル
MAP 付録P.8A-1

屋上に芝生広場がある造りが評判 クルーズ客船を迎える海の玄関

国内外のクルーズ客船の寄港地として、2010年にオープン。大地と一体化するような建物形状で、屋上を芝生で緑化して通行可能にするなど、地球環境と景観に配慮した構造を持つ。イベント向けのホールも充実。

☎095-895-9512(松が枝ターミナル管理事務所)
所 長崎市松ヶ枝町7-16
休 9:00～18:00(イベントにより変更あり)
休 無休　交 大浦海岸通電停から徒歩3分　P あり

→大型クルーズ船入港時は外国人旅行者も多い

→屋上の芝生広場に加え、太陽光発電も行うなど、エコに配慮したターミナル

出島・ベイエリア

立ち寄りスポット

Attic
アティック

長崎港の眺めを楽しみながら、本格的なカプチーノとエスプレッソが楽しめる。食事メニューも。

MAP 付録P.6A-2

☎095-820-2366　所 長崎市出島町1-1 長崎出島ワーフ1F 美術館側
休 無休　11:00～22:00
交 出島電停から徒歩2分
P 提携駐車場利用

→龍馬のラテアート418円～も好評

→広い屋内席に加え、テラス席もある

ジェラートショップ IL MARE
ジェラートショップ イル マーレ

イタリアのボローニャで製造するジェラートを直輸入して販売。本場のフレーバーが13種揃う。

MAP 付録P.6A-2

☎095-826-1653　所 長崎市出島町1-1 長崎出島ワーフ1F
11:00～21:30　休 不定休
交 出島電停から徒歩2分　P なし

→ミルクセーキ600円。散策のおともにぴったり

→潮風が心地よい広いテラス席でジェラートブレイクを

水辺の森のワイナリー レストラン OPENERS
みずべのもりのワイナリーレストラン オープナーズ

長崎水辺の森公園内にあり、プチバカンス気分で地元食材を使った料理と街ゆかりのワインが満喫できる。

MAP 付録P.6B-4

☎095-811-6222　所 長崎市常盤町1-15
11:00～15:00(LO14:30) 17:00～21:00(LO20:30)　休 火曜　交 メディカルセンター電停から徒歩1分
P なし

→パスタやピザなどイタリアンメニューが特に充実

→自然に包まれた開放的な雰囲気で、居心地がよい

19世紀初頭の街並みを再現したエリア

西洋文化の入口「出島」を復元
和・蘭が出会った出島（でじま）

コーヒーや香辛料といった食、染料で発展する工芸や自然科学に医学などの学問。新しい文化がいち早く到来した出島の魅力を満喫。

観光のポイント
- 鎖国時代に唯一ヨーロッパに開かれた出島の暮らしを考える
- 海に造成された人工島。当時の技術と規模に驚く
- 復元された街を歩いて、江戸時代にタイムスリップ

歩く・観る●出島・ベイエリア

江戸時代の日本の最先端エリア
文化も学問も技術もここから始まった

鎖国時代、ヨーロッパとの貿易を唯一許された出島には、コーヒーや香辛料といった新しい食文化や、自然科学や医学、化学といった進んだ蘭学など、さまざまな西洋文化が持ち込まれた。出島は国史跡に指定され、現在も復元を目指した整備が進められている。オランダ商館長の事務所兼住居だったカピタン部屋などの復元建造物や日本初のプロテスタント神学校など明治時代のオリジナルの洋館を公開、当時を偲ばせる見どころも多く、人気となっている。

→周囲は埋め立てられ、往時の扇形は識別できないが、護岸の石垣が見られる場所もある

↑出島を訪れた日本の役人や大名の接待にも使用された

→出島のなかで最も大きな建物のカピタン部屋。オランダ商館長の住まいで、当時の暮らしぶりを垣間見る。和洋折衷の内装にも注目だ

国指定史跡「出島和蘭商館跡」
くにしていしせき「でじまおらんだしょうかんあと」

MAP 付録P.6 B-2
☎095-821-7200（出島総合案内所） ⚑長崎市出島町6-1 ⏰8:00～21:00（入場は～20:40）
休無休 料520円 交出島電停からすぐ Pなし

着物レンタル「長崎はいからさん」
☎090-9473-9182
⏰10:00～17:00 料2000円（1時間）～

→2017年に完成した出島表門橋。かつての出入口だった石橋が撤去されてから約130年ぶりの架橋となった

注目ポイント
今も続く出島の復元
出島の復元は段階的に進められている。第1期（2000年）ではヘトル部屋など5棟が復元。第2期（2006年）にカピタン部屋など5棟を復元。第3期（2016年）には、出島の中央エリアに筆者蘭人部屋や、銅蔵、十四番蔵が復元された。

旧出島神学校
きゅうでじましんがっこう
明治11年（1878）に建造された、現存する日本最古のキリスト教（プロテスタント）の神学校の建物。

カピタン部屋
カピタンべや
オランダ商館長が使用していたカピタン部屋は、出島で最大の建物。シャンデリアに畳敷きの和洋ミックスがユニークで、商館長の引き継ぎを再現した17.5畳の間や大広間、涼み所などを公開。

銅蔵
どうぐら
当時、出島の主要輸出品であった銅を通じて、当時の日本と世界のつながりを紹介。蔵内では銅を保管していた様子を再現している。

水門
すいもん
西洋と日本の文化・学術・貿易品が最初に出入りした象徴的な場所。2つの通り口のうち向かって右側は輸入用、左側が輸出用に使われていたという。

和・蘭が出会った出島

ミニ出島
ミニでじま
文政3年（1820）頃に川原慶賀が描いたとされる「長崎出島之図」を参考に再現。園内の模型は昭和51年（1976）に制作された15分の1サイズで、2012年から地元高校生の手で一部が修復されている。かつての様子を想像しながら、原寸の出島と比較するのも楽しい。

筆者蘭人部屋
ひっしゃらんじんべや
オランダ商館員の住居で、書記官が数人住んでいた。現在は出島が日本や世界とつながっていた様子を展示している。

拝礼筆者蘭人部屋
はいれいひっしゃらんじんべや
オランダ人の首席事務員の住居を復元し、出島から日本全国へと広まった蘭学について紹介。二挺天符台時計などの和時計も見どころ。

二番蔵
にばんぐら
輸入品である染料の蘇（そ）を主に収納していた蔵で、1階では「貿易と文化の交流」をテーマに、出島に輸出入された貿易品を紹介。

鑑賞後はエキゾチックな文化にふれられるお店へ

ミュージアムショップ（ヘトル部屋）
ミュージアムショップ（ヘトルべや）
MAP 付録P.6 B-2

当時、外国人に喜ばれた輸出品モチーフの雑貨
オランダ商館の商館長次席をヘトルと呼んだのが名前の由来。1階には「出島」をモチーフにしたオリジナル雑貨が買えるミュージアムショップがある。
8:00～19:00

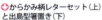
◎からかみ柄レターセット（上）と出島型箸置き（下）

出島内外倶楽部レストラン
でじまないがいくらぶレストラン
MAP 付録P.6 B-2

長崎のうまいものがたっぷり
明治36年（1903）、長崎に在留する外国人と日本人の社交場として建てられた洋館。当時の面影を残すレトロな空間で本場の長崎の郷土料理が手軽に味わえる。
10:30～15:00（季節により異なる）
1000円～

◎トルコライスなど、ご当地メニューが揃う

◎明治の英国式洋風建築

◎改修を重ね、今も現役

歴史

鎖国中の日本にあって、人工島218年間の歴史が生んだもの

日欧異文化交流の舞台、出島

ポルトガル人が隔離され、オランダ商館が閉鎖されるまで

復元事業が進行している出島。このヨーロッパとの唯一の窓口で、
異国文化があふれる人工島の物語を読んでみる。

オランダ人が「国立の監獄」と嘆いた扇形の人工島が完成

出島は、寛永13年(1636)に、幕府が「出島町人」と呼ばれる25人の有力町人に命じて造らせた扇形の人工島で、荷揚げ場を含む総面積は3969坪(約1.5ha)。長崎江戸町とたった1本の橋でつながり、出入りは厳しく監視されていて、オランダ人は「国立監獄」と揶揄したとか。

出島築造の当初の目的はポルトガル人によるキリスト教の布教を防ぐためだったが、第4次鎖国令によってポルトガル人が追放されたため、そのあとに平戸にあったオランダ商館を移転させた。以来、安政6年(1859)に欧米諸国に長崎、横浜、函館の港が開かれるまで国内唯一の"ヨーロッパへの窓口"として218年間存在した。

暇な時間はビリヤードで遊び遊女(傾城)以外の女性は滞在禁止

島は町人から借り入れており、年間の賃貸料は銀55貫目だった。島内に滞在したのはオランダ東インド会社のいわば社員だった。甲比丹(商館長)の住宅をはじめ、乙名部屋や阿蘭陀通詞部屋、土蔵などが並び、菜園や家畜の飼育場、娯楽スペースなどもあった。

女性の滞在は基本的に禁止だが、高札に「傾城之外女入事」とあって、長崎の遊女の出入りは許されていた。娯楽としては、森島中良が書いた西洋知識の啓蒙書『紅毛雑話』には出島でのバドミントンに似た遊びが紹介されている。ビリヤードも余暇のひとつ。

→ 出島絵師の川原慶賀(かわはらけいが)が描いた『長崎出島之図』。1820年代の作品といわれる〈長崎大学附属図書館経済学部分館所蔵〉

→ 『唐蘭館絵巻 商品計量図』。オランダ船が出島沖に停泊すると乗組員の点呼や物品の検査を実施した〈長崎歴史文化博物館収蔵〉

→ オランダ人が出島に隔離されたように、唐人は元禄2年(1689)に設置された唐人屋敷(唐人屋敷跡 P.54)に居住させられ、出入りを制限された。『唐人屋敷の図』〈長崎大学附属図書館経済学部分館所蔵〉

→ 宝暦年間(1751〜64)に描かれた出島のオランダ商館の図。平戸のオランダ商館は寛永18年(1641)に出島に移転を命じられた。『阿蘭陀商館の図』〈長崎大学附属図書館経済学部分館所蔵〉

オランダからの積荷は水門からラクダも輸入されたことがある

オランダ船の積荷は出島の水門で荷揚げされた。その輸入品はさまざまだったが、メインの中国産生糸をはじめ、砂糖、白檀、麝香、象牙、水銀、鮫皮、更紗、サフラン、ガラス、遠眼鏡、外科道具、洋書など多岐にわたった。ほかにオランダ人が長崎にもたらしたものとしては世界の珍しい動物などがある。ラクダも輸入されたことがあり、見世物として人気を博した。日本からの輸出品として最も求められたのは銀や金、樟脳だったが、ほかに樟脳、陶磁器、塗物、屏風、蒔絵、醤油、鯨髭などが好まれた。

↑シーボルトは幕府天文方高橋景保（たかはしかげやす）から国禁の日本全図を贈られていた〈国立国会図書館所蔵〉

シーボルト事件
文政11年（1828）、海外持ち出しが禁止されていた日本地図などがシーボルトの荷物から発見され、尋問を受ける。翌年、国外退去処分となった。安政6年（1859）に再来日した。（シーボルト記念館P.88）

解体新書
杉田玄白や前野良沢らが苦難の末、安永3年（1774）にオランダ語版『ターヘル・アナトミア』を翻訳し、本文4巻と付図1巻として刊行した。

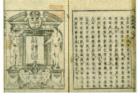
↑平賀源内（ひらがげんない）に蘭画を学んだ小田野直武（おだのなおたけ）が図を描いた〈国立国会図書館所蔵〉

↑長崎の画家・成瀬石痴（なるせせきち）による水彩画『鳴滝塾舎之図』〈長崎大学附属図書館経済学部分館所蔵〉

紅毛文化
スペイン人、ポルトガル人に比べて髪色の薄いオランダ人を紅毛人と呼び、オランダ人がもたらした文化を紅毛文化と呼んだ。皮革を加工した金唐革や更紗、食関連では肉類や乳製品を楽しむようになり、こうした舶来物を好む「蘭癖」といわれる大名や趣味人も出現した。

↑『唐蘭館絵巻 調理室図』。幕末、オランダ屋敷で豚が解体される様子〈長崎歴史文化博物館収蔵〉

オランダ商館医として着任した3人が残した貴重な功績の数々

出島のオランダ商館には歴史的に貴重な足跡を残した人物が多い。特に医療関連での人材が目立つ。

元禄3年（1690）に来日した商館医ケンペルはドイツ人医師・博物学者で、『日本誌』で知られる。江戸城では徳川綱吉から不老長寿薬などについて質問を受けたという。ツュンベリーはスウェーデンの植物学者で、安永4～5年（1775～76）に出島に滞在。日本各地で植物を採集し、『日本植物誌』などを刊行している。ドイツ人医師で博物学者だったシーボルトが商館医として出島に着任したのは文政6年（1823）で、開校した鳴滝塾で医学や博物学を教え、多くの人材を輩出。帰国後『日本』『日本植物誌』などを著した。

↑『古渡更紗譜』。江戸後期にもたらされたヨーロッパの更紗のデザイン〈国立国会図書館所蔵〉

↑『VOCマーク入染付平皿』。オランダ東インド会社（VOC）のマークを記した肥前磁器。オランダ商館からの注文により製作された〈長崎大学附属図書館経済学部分館所蔵〉

日欧異文化交流の舞台、出島

華僑の文化が受け継がれる繁華街へ

長崎新地中華街

ながさきしんちちゅうかがい

横浜、神戸と並ぶ三大中華街のひとつだが、長崎は鎖国中も一部外国との交易を続けていただけに歴史が長い。長崎特有の中国料理が味わえるのも魅力。

街歩きのポイント
- 長崎・中国文化の出会いが生み出したちゃんぽんが食べられる
- おやつやおみやげにちょうどいいテイクアウト軽食が充実
- ランタンフェスティバル中は提灯が続く幻想的な通りになる

北門前には新地橋広場があり、記念撮影しやすい

歩く・観る ● 長崎新地中華街

青龍、白虎、朱雀、玄武と東西南北4基の中華門が守護

元禄11年(1698)の大火後、唐人屋敷前の海を埋め立てて造られたため新地中華街と呼ばれる。東西南北の門を結ぶ十字路の石畳は、長崎の姉妹都市でもあり、この地に暮らす華僑の人々の主な出身地でもある福建省の協力により造られたもの。エリア内には、料理店、食材・雑貨店など、約40の店が集まり、ちゃんぽん、皿うどん、ハトシなど、長崎ナイズされた中国料理が味わえる。

MAP 付録P.6 C-3
🚋 新地中華街電停から徒歩2分(北門まで)

➡ 毎年9月下旬に開催される中秋節。多くの満月灯籠と呼ばれる提灯が下がる

冬の一大イベントに注目

旧正月の時期、街を無数の提灯が彩り、パレードなどが催される。中国式のランタンがきらめき、街が華やぐ。

長崎ランタンフェスティバル
ながさきランタンフェスティバル
➡ P.34

ひと足のばして歴史スポットへ

唐人屋敷跡
とうじんやしきあと

元禄2年(1689)に造られた中国人居住区。19世紀初頭には約9400坪もの広さを誇った。現在は四堂と周囲の堀の一部が残る。

MAP 付録P.7 D-4
☎ 095-822-8888(長崎市コールセンター「あじさいコール」) 長崎市館内町
休料 見学自由
🚋 新地中華街電停から徒歩7分 Ⓟなし

⬆ 明治元年(1868)創建の福建会館　⬆ 福建会館内の孫文像

多彩な中華街みやげがいっぱい
泰安洋行 A
たいあんようこう
MAP 付録 P.6 C-3

中華食材やかわいい雑貨がズラリ。人気のソフトクリームは杏仁から味覇(ウェイパァー)味までバリエーション豊か。

☎095-821-3455 ㊟長崎市新地町10-15 2F
🕙10:00～19:00 ㊡無休
🚃新地中華街電停から徒歩1分 Pなし

金魚
福を呼ぶガラスの金魚。かわいい表情に癒やされる

→1個620円

↑チャイナドレスやドラゴンが賑やかに飾られている

←杏仁ソフト 330円。杏仁の風味がとろ～りなめらかな、上品な味わい

↓厳選した雑貨や飲茶が揃う。2階の茶房も人気

昔ながらの手作りの味に舌つづみ
福建 B
ふけん
MAP 付録 P.6 C-3

ほぼすべてのお菓子や麺類、点心などをていねいに自社で手作り。中華食材や雑貨なども多数揃っている。

☎095-824-5290 ㊟長崎市新地町10-12 🕙9:30～20:00 ㊡1月1日 🚃新地中華街電停から徒歩2分 Pなし

←4個480円

←6本入り380円

ごま団子
モチッとした団子に自家製の濃厚な黒ごま餡がギッシリ

よりより
固すぎず軽い口当たりが人気

食べ歩いて
おみやげ買って

角煮まんじゅうや焼き小籠包などの点心に、よりよりや月餅、中華菓子といったテイクアウトグルメが揃う。チャイナテイストの雑貨にも注目。

散策MAP
中華街のテイクアウト

A 泰安洋行
B 福建
C 三栄製麺
D 長崎友誼商店
中国料理館 会楽園 P.94
台湾料理 老李 新地中華街本店 P.95
中国菜館 江山楼 中華街新館 P.94
P.34 湊公園

皿うどんには欠かせない名脇役
三栄製麺 C
さんえいせいめん
MAP 付録 P.6 C-3

長崎独自の本場の味にこだわって創業70年。スパイスが効いた辛めの金蝶ソースは大中小の3サイズ展開。

☎095-821-6357 ㊟長崎市新地町10-12
🕙7:00～19:00 ㊡無休
🚃新地中華街電停から徒歩3分 Pなし

→1本200円(小)

金蝶ソース
皿うどんにアクセントを加える、絶妙な辛口ソース

→3346円

長崎ちゃんぽん皿うどん詰め合わせセット
それぞれ2食入りが3個と金蝶ソース。本場の味をお持ち帰り

やわらか角煮がとろ～り
長崎友誼商店 D
ながさきゆうぎしょうてん
MAP 付録 P.6 C-3

食べ歩きに人気の角煮まんは、香辛料を効かせた本格的な味。2種類から選べるほか、肉まんなどもある。

☎095-823-9137 ㊟長崎市新地町10-9
🕙10:00～21:00(角煮まんの販売は～16:00)
㊡無休 🚃新地中華街電停から徒歩1分
Pなし

→1個300円～

角煮まん
やわらか角煮にふかふかの生地がベストマッチ

川沿いの散策路からのどかな寺町へ
眼鏡橋・寺町・思案橋
めがねばし・てらまち・しあんばし

眼鏡橋など多くの石橋が架かる中島川沿いの遊歩道は、四季折々の花が咲く絶好の散歩道。さらに江戸中期から続く商店街や異国情緒が漂う寺町界隈まで。

街歩きのポイント
- 長崎市のランドマークのひとつ眼鏡橋の風景を眺める
- 川沿いを歩きながらモダンなセンスのショップでお買い物
- 中国らしい意匠が興味深い唐寺が集まる寺町を歩く

歩く・観る●眼鏡橋・寺町・思案橋

⬆眼鏡橋の撮影は、隣の袋橋、もしくは橋下に下りて袋橋方向から撮ると眼鏡のように写る

鎖国時代に花開いた中島川の石橋群と唐寺

　鎖国時代、唯一の貿易港だった長崎。唐船を中心に水運として利用された中島川には、興福寺が参拝者のために架設した眼鏡橋を皮切りに、中国伝統の架橋技術を駆使した石橋が次々と架けられた。

　400年近い歴史を誇る石橋群も昭和57年(1982)の長崎大水害で、眼鏡橋のほか2橋が半壊、6橋が流失した。眼鏡橋、袋橋、桃渓橋以外は原型に忠実に新しく架け直された。復旧の際には、洪水防止にバイパス水路が設けられ、護岸工事で埋め込まれたハートストーンなども話題を呼んでいる。

⬆夜は思案橋周辺のお店に出かけるのもいい

眼鏡橋
めがねばし
眼鏡橋 MAP 付録P.7 E-1

川面に映る姿が眼鏡に見える
日本初の石造りアーチ橋

日本最古のアーチ型石橋。寛永11年(1634)、興福寺2代目住職の唐僧・黙子如定禅師によって架けられた。橋長22m、幅3.65m、高さ5.46mで、川面に映る姿が眼鏡に見えることからその名がある。しだれ柳が揺れる河畔には遊歩道が整備され、ライトアップされて風情を醸す夜の散策もおすすめ。

☎095-822-8888（長崎市コールセンター「あじさいコール」）　所長崎市魚の町・栄町と諏訪町・古川町の間　閉見学自由　交市民会館電停から徒歩8分　Pなし

注目ポイント

皇居にある二重橋のモデルになった

眼鏡橋は、江戸の日本橋、岩国の錦帯橋と並ぶ日本三橋のひとつとして、皇居のお濠に架かる二重橋のロールモデルになった。

さわると恋が叶うと噂の「ハートストーン」

眼鏡橋と魚市橋の左川岸の石垣にさわると願い事が叶うというハート形の石が埋め込まれている。特に「i」の形の石が隣り合うハートストーンは訪れる男女に大人気。

中島川に架かる橋の名前の由来がおもしろい

丸山遊廓へ向かう武士たちが編笠で顔を隠して渡ったという「編笠橋」や、行こうか戻ろか思案した「思案橋」、罪人が市中引き回しの最後に渡った「阿弥陀橋」など命名が意味深。

名物グルメ

ちりんちりんアイス

MAP 付録P.7 E-1

市内の観光スポットで見かける昔懐かしい屋台のアイス1個150円（変動の場合あり）

崇福寺
そうふくじ
寺町 MAP 付録P.7 F-3

建築、仏像、意匠など
中国情緒を伝える唐寺

寛永6年(1629)に福建省出身の商人が中心となって創立した寺。竜宮城を思わせる朱色の三門が印象的で、大雄宝殿と第一峰門は国宝。

◎本殿にあたる大雄宝殿は日中の建築様式が調和

☎095-823-2645　所長崎市鍛冶屋町7-5　閉8:00〜17:00　休無休　料300円　交崇福寺電停から徒歩5分　Pあり

興福寺
こうふくじ
寺町 MAP 付録P.7 F-1

中国南方建築物が並ぶ
日本最古の唐寺

在留唐人がキリシタンでないことの証しと航海安全の神を祀る寺として元和6年(1620)に創建した日本最古の唐寺。眼鏡橋を架設した黙子如定や隠元禅師が住持を務めた。庫裏では庭を眺めながら抹茶がいただける。

☎095-822-1076　所長崎市寺町4-32　閉8:00〜17:00　休無休　料300円　交市民会館電停から徒歩8分　Pあり

◎本堂の大雄宝殿(右)は国の重要文化財

◎朱色の山門により「あか寺」として親しまれている

◎たびたび修復された鐘鼓楼は和風の建築様式

立ち寄りスポット

elv cafe
エルヴ カフェ

眼鏡橋のほとりに建つカフェ。自家製スパイスのカレーやホットサンドのランチが人気。ドリンク類も充実。

眼鏡橋周辺 MAP 付録P.7 E-1

☎095-823-5118　所長崎市栄町6-16　閉11:00〜21:00　休月曜、第2日曜　交めがね橋電停からすぐ　Pなし

◎自家製スパイスが人気のカレーライス。ドリンク付セットで1400円

ニューヨーク堂
ニューヨークどう

手焼きしたカステラに、昭和12年(1937)創業来人気のアイスをサンド。チョコやビワなどフレーバーは7種類。

眼鏡橋周辺 MAP 付録P.7 E-1

☎095-822-4875　所長崎市古川町3-17　閉11:00〜18:00　休不定休　交めがね橋電停から徒歩5分　Pなし

◎カリッとした食感のザラメがアクセント

眼鏡橋・寺町・思案橋

↑展望台に立つ坂本龍馬之像。高さ4.7m、腕を組んで長崎港を見つめる。公園はハタ揚げや桜の名所

風頭公園
かざがしらこうえん

龍馬像も見つめる長崎市街を一望

坂本龍馬像が立つ展望台からは長崎港や長崎市街が一望できる。司馬遼太郎の『竜馬がゆく』文学碑、日本初の商業写真家・上野彦馬の墓がある。

風頭山 MAP 付録P.5 F-4
☎095-822-8888（長崎市コールセンター「あじさいコール」） ㊟長崎市伊良林3 ㊟休㊟入園自由 ㊟風頭山バス停から徒歩5分 Pなし

↑夜景も美しいビュースポットとして人気

世界へ開かれた長崎港が一望できる
坂本龍馬の歩いた道

龍馬が長崎の拠点としたのが風頭山・伊良林界隈。急坂や階段が続く龍馬通りには龍馬ゆかりの史跡が点在する。

龍馬と長崎の出会い

元治元年（1864）に勝海舟と同行して長崎入りした龍馬。翌年、薩摩藩の援助を得て風頭山の中腹にあたる亀山に「亀山社中」を設立。のちに"海援隊"と改名し、英国商人・グラバーらと貿易を行うほか、政治的・軍事的な組織として薩長同盟締結の橋渡しにもなり、慶応3年（1867）、京都で暗殺されるまで世界へ進出することを夢見ていた。

長崎市亀山社中記念館
ながさきしかめやましゃちゅうきねんかん

日本初の商社跡

龍馬とその同志が薩摩藩などの援助を受けて結成した日本初の商社といわれる「亀山社中」跡と今に伝わる建物。幕末の建物の雰囲気を再現し、隠し部屋や龍馬ゆかりの品々を展示している。

伊良林 MAP 付録P.5 F-3
☎095-823-3400 ㊟長崎市伊良林2-7-24
㊟9:00～17:00（入館は～16:45） ㊟無休
㊟310円 ㊟市民会館電停から徒歩15分 Pなし

↑長崎港や長崎奉行所が眺望できる情報収集の適地であった

↑龍馬の紋服、ブーツ、ピストル、刀などを展示

龍馬通り
りょうまどおり

長崎を象徴する坂道風景

寺町通りから亀山社中記念館を通り風頭公園へ至る道。345段の石段と坂道が続く。

寺町 MAP 付録P.5 F-3
㊟長崎市寺町～風頭町
㊟新大工町電停から徒歩7分

↑龍馬や亀山社中にちなんだ川柳や標識が点在している

歩く・観る ■ 眼鏡橋・寺町・思案橋

若宮稲荷神社
わかみやいなりじんじゃ

⇧ 毎年10月の14・15日に奉納される「竹ン芸」で有名

龍馬も参拝した勤皇稲荷

楠木正成を祀り、幕末に来崎した諸藩の志士が参詣したため「勤皇稲荷」の別名がある。70もの鳥居が導く境内には龍馬像がある。

⇧ 開運・諸行成就を願う龍馬御守り

伊良林 MAP 付録P.5 F-3
☎ 095-822-5270　所 長崎市伊良林2-10-2
開休料 境内自由　交 新大工町電停から徒歩12分　P なし

立ち寄りスポット

龍馬好きが集う名物店
風雲児焼とり 竜馬
ふううんじやきとり りょうま

長崎新地中華街周辺 MAP 付録P.6 C-2

店内には所狭しと龍馬の写真や像など、ファンにはたまらない焼鳥店。

☎ 095-821-9766
所 長崎市銅座町2-21 西浜ビル2F
営 17:15〜23:00　休 日曜
交 新地中華街電停から徒歩1分
P なし

⇧ 竜馬セット 1650円

⇧ 坂本竜馬の看板が目印

明治40年創業のハタ専門店
小川凧店（長崎凧資料館）
おがわはたてん（ながさきはたしりょうかん）

風頭山 MAP 付録P.3 D-1

長崎凧の専門店で、凧に関するさまざまな資料も展示。長崎独特の美しい絵柄の凧はおみやげにも人気。

☎ 095-823-1928
所 長崎市風頭町11-2
営 9:00〜17:00　休 無休
交 風頭山バス停から徒歩4分　P あり

⇧ 龍馬像が立つ風頭公園近くに位置する

⇧ 製作風景も見学できる

龍馬になりきるモニュメント
正装した龍馬像
史跡料亭 花月
しせきりょうてい かげつ　→P.90

かつての花街に立つ銅像やブーツに肘置き机など、龍馬と同じポーズで記念撮影できる斬新なモニュメントが点在する。

創業約380年の卓袱料理の料亭。龍馬がつけた刀傷が残る広間や直筆の書などの資料も見学できる。

思案橋周辺 MAP 付録P.7 E-4
⇧ 国際人の文化サロンだった

正装した龍馬像
丸山公園
まるやまこうえん

公園にはかつて花街丸山を闊歩する龍馬をイメージした銅像が立つ。

思案橋周辺 MAP 付録P.7 E-3
所 長崎市寄合町1
交 思案橋電停から徒歩3分

⇧ ピストルと懐中時計を持つ龍馬像

龍馬を撮影した写真館跡
上野彦馬宅跡
うえのひこまたくあと

有名な龍馬の肖像を撮影した日本初のカメラマン・上野彦馬の撮影局跡。

伊良林周辺 MAP 付録P.5 F-2
所 長崎市伊勢町4
交 新大工町電停から徒歩3分

⇧ 彦馬の父・俊之丞がこの地に別荘を構えた

龍馬のトレードマーク
龍馬のぶーつ像
りょうまのぶーつぞう

サイズ60cmのブーツを履いて舵をとれる記念撮影に人気のスポット。

伊良林 MAP 付録P.5 F-3
所 長崎市伊良林
交 市民会館電停から徒歩20分

⇧ 亀山社中跡のすぐ近く。長崎の街並みが眼下に広がる

坂本龍馬の歩いた道

散策途中に立ち寄りたい

眼鏡橋・寺町・思案橋周辺
ちょっと気になるお店

ローカルな雰囲気の商店が多いエリアだが、近年は現代的なセンスを生かした店も登場。洗練されたおみやげを手に入れることができる。

⬅⬇ 大人気のSNS映えドリンク。ハートストーンミルクセーキ600円(上)、ショコラフラッチェ650円(左)

長崎らしいメニューが揃う水辺にたたずむ小粋な店

Cafe Bridge
カフェ ブリッジ
眼鏡橋周辺 **MAP** 付録P.7 E-1

眼鏡橋の全景を見渡すカフェ。長崎名物のミルクセーキやふわふわのパンケーキが大人気。スパイスにこだわった自家製のカレーやサンドイッチ、ドリアなどランチメニューも充実している。季節ごとに変わる限定メニューも魅力だ。

📞 095-895-5071
📍 長崎市魚の町7-17 みやまビル1F
🕐 11:00～18:00(LO17:30) 休 水曜
🚶 めがね橋電停から徒歩4分 P なし

予約 不可
予算 LD 400円～

⬆ オリジナルバターチキンカレー900円(手前)とたっぷりキノコの自家製ボロネーゼ950円(奥)

⬆ ベリーベリーパンケーキ900円(手前)とガトーショコラ650円(奥)

⬆ 眼鏡橋をイメージして造られたスタイリッシュな店内

おすすめメニュー
ふわふわパンケーキ 850円～
オリジナルバターチキンカレー 900円
ハートストーンミルクセーキ 600円

歩く・観る ● 眼鏡橋・寺町・思案橋

⬆ ポップコーンの甘い香りが漂う店内

⬆ おつまみ系のポップコーンは13種類以上。そのうち島原の薬草を使った薬草ポップコーンは3種類あり、594円～

⬆ 赤いパッケージ(右)はスイーツ系のポップコーンで6種類以上、黄色のパッケージ(左)はプレミアムスイーツ系のポップコーンで2種類以上を用意

おすすめメニュー
ポップコーン 袋入り594円～
厚焼きパンケーキ(アイストッピング) 648円

築100年の町家を改築したカフェでポップコーンを

長崎の路地裏Cafe
ながさきのろじうらカフェ
眼鏡橋周辺 **MAP** 付録P.7 E-1

懐かしい雰囲気の商店街にある町家カフェ。1階はオリジナリティあふれるポップコーンが並ぶ販売店、2階は喫茶スペース。和紙のドリップで淹れる特注のマンデリンコーヒーや、長崎県産の薬草で作ったスムージーなどこだわりメニューが豊富。

📞 095-895-8997
📍 長崎市古川町5-15
🕐 10:00～19:00 休 不定休
🚶 めがね橋電停から徒歩5分 P なし

⬆ ステンドグラスの光がやさしく降り注ぐ店内

予約 可
予算 LD 540円～

↑手ぬぐいをベースに作られた桃かすてら豆トートバッグ1430円

↑観光地や名物がおはじきに。中の家旗店オリジナル。ながさき風物おはじき2750円

↑名物の桃かすてらをモチーフにした飾り。桃カステラ飾り2200円

↑長崎の観光地がコースターに。ながさきぶらぶらコースター各385円

長崎の和雑貨ならここ
大正10年創業の染物屋
中の家旗店
なかのやはたてん
寺町周辺 MAP 付録P.7 E-2

大漁旗や手ぬぐい、法被など、伝統ある引き染めで製造する店。四季折々の和雑貨や長崎みやげも人気。長崎名物の桃かすてらをモチーフにした手ぬぐいや雑貨の種類も豊富。旅の思い出を探してみては。

☎ 095-822-0059
所 長崎市鍛冶屋町1-11 営 9:00～18:30 日曜、祝日10:30～17:30 休 無休
交 思案橋電停から徒歩3分 P なし

↑長崎をモチーフにした普段の生活でも使えるものが揃う

幸運をひっかけてくると噂の
「尾曲がり猫」がモチーフ
長崎の猫雑貨
nagasaki-no neco
ながさきのねこざっか ナガサキノネコ
眼鏡橋周辺 MAP 付録P.7 E-1

長崎に古くから住み着く「尾曲がり猫」をモチーフにした猫雑貨店。7～8割はこのお店のオリジナル商品で、ステーショナリーからアパレルまで、見ているだけでほっこり和める猫アイテムが揃う。

☎ 095-823-0887
所 長崎市栄町6-7 服部ビル1F
営 11:00～18:00 休 水曜
交 めがね橋電停から徒歩2分 P なし

↑眼鏡橋のすぐ近く。黒い尾曲がり猫のイラストが目印

↑全国の猫好きを中心に、県内外のお客が訪れる人気店

↑マグカップ各1760円。黒猫、ハチワレ猫、トラ柄など、全7種類をラインナップ

↑尾曲がり手ぬぐい1320円。ちょっとした心遣いとして渡すプレゼントにぴったり

↑猫の額を模したネコデコ箸置きは各1223円。長崎の波佐見焼製

↑檜製のうちわ880円は、食事をする際に口元を覆うのにも活躍

長崎の魅力、歴史、風物を
追求した郷土の本がずらり
ブック船長
ブックせんちょう
眼鏡橋周辺 MAP 付録P.7 E-1

地元出版社「長崎文献社」がプロデュース。長崎にまつわる人物史、町歩き本、キリスト教や原爆関連本など「長崎を深く知る」ための本が並ぶ。長崎の古写真、ポストカードなどの雑貨はおみやげにぴったり。

☎ 095-895-9180
所 長崎市古川町3-16
営 10:30～18:15 休 無休
交 めがね橋電停から徒歩3分 P なし

↑浜町からほど近く、アルコア中通りの商店街の一角にある本屋さん

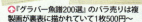
↑『グラバー魚譜200選』のバラ売りは複製画が裏表に描かれていて1枚500円～

↑長崎県出身のイラストレーター岡本典子さんのポストカード200円

↑意外な歴史やエピソードまで知ることができる観光客に人気の『長崎遊学』1冊880円

↑船をデザインした4つの木製屋台に長崎関連の歴史書、偉人伝、雑誌など約400種類の本を陳列、販売している

ちょっと気になるお店

恒久平和と核廃絶を願う祈りの地を歩く
平和公園・浦上
へいわこうえん・うらかみ

西洋文化が花開いた美しい港町は、第二次世界大戦時、原爆投下により壊滅的な被害を受けた。その現実を伝え、恒久平和を願うのも、この街の使命だ。

青銅製の「平和祈念像」は長崎県出身の彫刻家・北村西望氏の作

街歩きのポイント
- 原爆投下から今に至る街の歴史を平和公園や資料館で学ぼう
- 浦上天主堂や山王神社など、遺構が残る信仰の場も巡ろう
- 自身も被爆しながら被災者救援にあたった永井博士の生涯を知る

歩く・観る ●平和公園・浦上

悪魔の兵器が降り注いだ爆心地
今も世界に平和を呼びかける

昭和20年(1945)8月9日、長崎上空に侵入したアメリカ軍機は原子爆弾を投下。浦上松山町の地上約500mで炸裂し、同年末までに15万人の市民が死傷、街は灰燼と化した。平和公園・浦上エリアには、その惨禍を伝える資料館や遺構が点在。苦難を乗り越えて不死鳥のように蘇った街の軌跡と平和への願いをたどれる。

→平和公園にある噴水「平和の泉」の水形は、平和の象徴・鳩の羽ばたきをかたどる

爆心地
ばくしんち
平和公園 **MAP** 付録P.9 E-2

原爆が炸裂した上空を示し
黒御影石の標柱がそびえる

アメリカ軍が投下した原子爆弾は、長崎市松山町の上空約500mで炸裂。民家や工場が密集する街は一瞬にして破壊された。落下の中心地に標柱が立つ。

☎095-822-8888(長崎市コールセンター「あじさいコール」) ⓗ長崎市松山町 ⓡ見学自由 ⓣ平和公園電停から徒歩2分 ⓟなし

→標柱の周囲は、炸裂の様子を示すように同心円状の広場となっている

平和公園
へいわこうえん
平和公園 **MAP** 付録P.9 E-2

青銅製の平和祈念像が
犠牲者を悼み、平和を祈る

昭和26年(1951)に、世界平和と文化交流を記念して造成。約15.7haもの広大な敷地内に平和を祈るモニュメントが点在する。恒久平和の象徴「平和祈念像」は北側の丘にあり、天を指す右手は原爆の脅威を示し、水平に伸びた左手は平和を、閉じた瞼は戦争犠牲者の冥福を祈る姿を表している。

☎095-822-8888(長崎市コールセンター「あじさいコール」) ⓗ長崎市松山町 ⓡ見学自由 ⓣ平和公園電停から徒歩2分 ⓟあり(有料)

→昭和57年(1982)建立の「折り鶴の塔」には平和を願う折り鶴が掲げられる

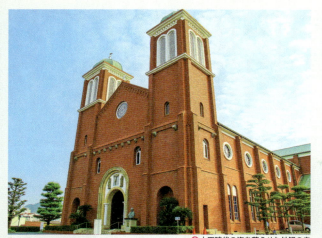

浦上天主堂
うらかみてんしゅどう
平和公園周辺 MAP 付録P.9 F-2

信仰の深さと被爆の歴史を伝える
廃墟から蘇ったカトリック教会

明治政府によるキリスト教禁制の解消後、大正4年(1915)、鐘楼の双塔は未完成のまま、破堂した。信徒らが30年以上をかけて教会堂を建設し、鐘楼の双塔も大正14年(1925)に完成。その20年後、原爆投下により、一部の壁を残して全壊。当時堂内にいた司祭2名と24人ほどの信徒は全員死亡した。戦後、信徒による再建運動が進められ、昭和34年(1959)、同じ場所に同様の構造で再建された。

↑ 大正時代の姿を蘇らせた外観の赤レンガ造りは、昭和55年(1980)の改修工事で完成。翌年、ローマ法王が訪れてミサを捧げた

↑ 爆心地に近かった天主堂の惨状を被爆遺構が物語る
☎ 095-844-1777
所 長崎市本尾町1-79
開 9:00〜17:00 休 無休 料 無料
交 平和公園電停から徒歩10分
P なし

長崎市永井隆記念館
ながさきしながいたかしきねんかん
平和公園周辺 MAP 付録P.9 E-1

重病の床で執筆を続けた医師が
残した原爆の脅威と平和への祈り

長崎医科大学の放射線医師・永井隆博士は被爆により43歳で逝去。病床に伏しながら平和を訴える小説や随筆を著した。その生涯と作品などを展示。

☎ 095-844-3496 所 長崎市上野町22-6
開 9:00〜17:00 休 無休 料 100円
交 大橋電停から徒歩10分 P なし

↑ 永井博士が私財を投じて設立した図書室「うちらの本箱」が前身となっている

↑ 博士の妻・緑夫人は、原爆投下で死亡。ロザリオが遺された

↑ 1階に博士の生涯に関する展示、2階に図書室が

山王神社の
被爆大楠と一本足鳥居
さんのうじんじゃのひばくおおくすのきといっぽんあしとりい
浦上駅周辺 MAP 付録P.9 F-4

奇跡的に残った一本足鳥居と
被爆後を生き抜く楠の大樹

寛永15年(1638)創建の神社。爆心地から南東約1kmの高台に位置し、原爆投下によって社殿は全壊。鳥居は4基あったが、ひとつの鳥居の片方の柱だけが奇跡的に残り、今も同じ地に立つ。被爆の損傷が激しかった大楠もたくましく蘇り、緑の葉を茂らせている。

↑ 黒焦げ状態から復活した2本の楠が境内入口にそびえ、参拝者に生命力を伝える
☎ 095-844-1415
所 長崎市坂本2-6-56
開休料 見学自由 交 浦上駅前電停から徒歩10分 P なし

↑ 片側の柱と笠石半分が残り、地元では「片足鳥居」と呼ばれる。社殿は戦後に再建

平和公園・浦上

「異国」から受けた攻撃
長崎から発信する
平和への願い

8月6日の広島に続いて、わずか3日後に投下された原爆。
この許されない人類の犯罪は永劫にわたって語り継がれる。

小倉は曇天だったのでB29は第2目標の長崎へと向かった

B29ボックスカーが長崎市に飛来したのは昭和20年（1945）8月9日のことだった。ファットマンと称されるプルトニウム型の原子爆弾を投下し、午前11時02分、松山町の上空約500mで炸裂。すさまじい閃光と熱線・爆風で街はほぼ壊滅した。広島に続き繰り返された惨劇で爆心地から半径2km以内に建つ家屋の約80％が焼失・倒壊した。当時の市の推定人口は約24万人だったが、この原爆で死者は7万3884人、負傷者は7万4909人におよんだとされる。ただその全容は現在も不明だ。終戦はその6日後の8月15日だった。

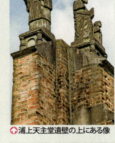
↑浦上天主堂遺壁の上にある像

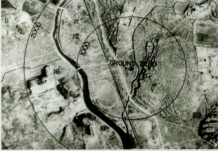
↑長崎市松山町上空約500mで炸裂した原爆の熱線と爆風により街は廃墟となった（写真下）。上の写真は投下前の同じ地点の航空写真で、投下2日前に米軍が撮影

原爆への認識を新たにする機会が多数用意されている

松山町上空で爆発した原爆により、爆心地の地表温度は3000～4000℃に達したといわれる。そこには現在、高さ6.6mの「原子爆弾落下中心地碑」が立つ。政府は昭和24年（1949）に長崎国際文化都市建設法を制定。被爆50周年の事業として1996年に開館した長崎原爆資料館では、惨状を物語る多くの資料が展示されている。なかには、被爆した浦上天主堂の再現造形による側壁も見られる。2003年には原爆犠牲者を追悼する「国立長崎原爆死没者追悼平和祈念館」も設立。原爆への認識は常に持っていたい。

←↑双塔の高さ26mと東洋一の壮大さを誇っていた浦上天主堂（P.63）は、鐘楼ドームが落下し、わずかに側壁を残すだけとなった

↑大伽藍が次々と炎上、2日間燃え続け、国宝の建造物などが灰となった福済寺（P.72）。中国文化を受け継ぐ長崎の代表的な文化財だった

↑かつては浦上キリシタンの檀那寺だった聖徳寺は、爆風で本堂が崩壊。この寺を寮としていた三菱兵器製作所関係者も死亡した

↑ 被爆し、破壊されてしまった浦上天主堂の側壁の再現造形も展示している

こちらも訪れたい
国立長崎原爆死没者追悼平和祈念館
こくりつながさきげんばくしぼつしゃついとうへいわきねんかん

平和公園周辺　MAP 付録P.9 E-3

原爆死没者を追悼し、恒久平和を祈る

長崎原爆資料館に隣接する施設。被爆者の名前や遺影、体験記、証言映像などを公開しており、被爆関連の図書を閲覧できる。

☎095-814-0055
所 長崎市平野町7-8
時 8:30〜17:30(5〜8月は〜18:30、8月7〜9日は〜20:00)
休 12月29〜31日
料 無料
交 原爆資料館電停から徒歩4分
P あり(有料)

長崎原爆資料館
ながさきげんばくしりょうかん

平和公園周辺　MAP 付録P.9 E-2

原爆の記憶と平和への希求をストーリー性のある展示で紹介

原爆投下の惨状を示す遺品など1500点以上の収蔵資料を展示。被爆前の長崎、原爆投下直後の惨状、核兵器開発の歴史などを物語性のある展示で紹介している。ビデオルームでは、映画「ながさき原爆の記録」とアニメーション「8月9日長崎」を交互に上映。原爆・平和関連の書籍を揃えた図書室も併設している。

☎095-844-1231
所 長崎市平野町7-8
時 8:30〜17:30(5〜8月は〜18:30、8月7〜9日は〜20:00) 入館は各30分前まで
休 12月29〜31日
料 200円
交 原爆資料館電停から徒歩5分
P 71台(有料)

↑ 原爆が炸裂した11時2分を指したまま壊れた柱時計

↑ 長崎型原爆「ファットマン」の模型も間近に見られる

↑ 市の原爆被爆50周年記念事業の一環として1996年に開館

↑ 展示の始めは被爆前の長崎の街を写真で紹介

↑ 地形模型とモニターで熱線や爆風の広がり方をわかりやすく説明

長崎から発信する平和への願い

8月9日、世界に届け、平和への祈り

原爆の惨禍をけっして忘れないために、平和の尊さを次世代の若者たちに継承するために、毎年さまざまな行事が開催される。

長崎原爆犠牲者慰霊平和祈念式典

毎年8月9日に平和公園の平和祈念像前で開かれる式典。世界に向けて長崎平和宣言が行われるほか、黙祷、献花、学生による合唱などで平和を祈る。
☎095-829-1147
(長崎市原爆被爆対策部 調査課)

平和の灯

8月8日、世界の平和を願って、手作りしたキャンドルに火を灯して、平和都市長崎を世界へ向けてアピールする。平和公園で開催される市民参加型の恒例行事。
☎095-844-3913
(平和の灯実行委員会事務局)

キリシタン文化の記念碑と記念館
長崎駅周辺
ながさきえきしゅうへん

2020年3月に新駅舎となった長崎駅。周辺には、豊臣秀吉の時代に起きた、キリスト教の禁教令による悲劇を伝える、祈りの史跡が点在している。

街歩きのポイント
- 教会は大切な祈りの場所。見学の際はマナーを守ろう
- キリシタン弾圧の歴史を学べる記念館と公園がある
- 殉教地・西坂は、2019年に教皇フランシスコが公式巡礼で訪れた

歩く・観る ●長崎駅周辺

キリシタンの街として発展 やがて殉教の舞台となった

　長崎駅周辺には、殉教した二十六聖人を表した、彫刻家・舟越保武による記念碑や、建築家・今井兼次によるモダン建築の教会など、歴史を知ると同時にフォルムが印象的なスポットが多数ある。信仰と一体となった建築や芸術が多い点も長崎の特徴かもしれない。そしてもちろん、長崎の玄関口である駅にはショッピングやグルメ、おみやげ選びができるビル「アミュプラザ長崎」があり、街の現在進行形の見どころが集まっている。散策をしながら、街の歴史に思いを馳せたい。

⬆日本二十六聖人殉教地、西坂の丘にある舟越保武による記念碑。背面には記念館がある

日本二十六聖人 殉教地・記念館
にほんにじゅうろくせいじんじゅんきょうち・きねんかん

長崎駅周辺 MAP 付録P.4 B-1

殉教の地、西坂の丘に建つ 記念碑と記念館で知る祈りの心

豊臣秀吉の命令により、6人の外国人宣教師と20人の日本人の信徒が処刑された殉教地には記念碑と記念館が建ち、日本カトリック司教団の唯一の公式巡礼所となっている。記念館ではザビエルのキリスト教布教から弾圧の時代や二十六聖人の殉教、潜伏キリシタンから明治時代の信仰の復活までの歴史を紹介している。

☎095-822-6000
所 長崎市西坂町7-8
⏰9:00〜17:00　休無休　料500円
交長崎駅前電停から徒歩5分　Pあり

⬆二十六聖人の記念碑は昭和37年(1962)、記念館とともに完成。一人一人の表情が胸に迫る

記念館では天文15年(1546)の「聖フランシスコ・ザビエル書簡」はじめ貴重な資料を展示

⬆電車の待ち時間に利用できるお店も充実

聖フィリッポ教会
せいフィリッポきょうかい
長崎駅周辺 MAP 付録P.4 B-1

天に伸びる双塔が圧倒的
石造りモダン建築の教会

二十六聖人のひとり、メキシコ人修道士、聖フィリッポ・デ・ヘススに捧げられ、昭和37年(1962)、日本二十六聖人記念館同様、今井兼次設計で建てられた。印象的な双塔は信仰と建築が一体化したアントニ・ガウディの研究者だった今井がそのエッセンスを取り入れたもの。

☎095-822-6000(日本二十六聖人記念館)
所長崎市西坂町7-8 開8:00～18:00 休なし
料無料 交JR長崎駅から徒歩5分 Pあり

→シンプルに設計されたステンドグラスに聖像の存在感が際立つ。穏やかな祈りの環境

→双塔は、殉教者の喜びに地上の人々の喜びが呼応する「天の門」を表すという。今井兼次は信仰と建築が一体となったガウディの創作に共鳴していた

サント・ドミンゴ教会跡資料館
サント・ドミンゴきょうかいあとしりょうかん
長崎駅周辺 MAP 付録P.5 D-3

キリスト教布教の拠点から、
迫害の地となった歴史を知る

慶長14年(1609)、ドミニコ会のモラレス神父が鹿児島の教会堂を長崎代官・村山等安寄進の土地に移築。5年後の禁教令で破壊された教会の遺構が小学校建て替えに伴う発掘調査で出土した。

☎095-829-4340 所長崎市勝山町30-1(桜町小学校内) 開9:00～17:00 休月曜 料無料
交市民会館電停から徒歩5分 Pなし

→歴史を伝える教会遺跡や、その後の代官屋敷時代の井戸などを公開している

聖福寺
しょうふくじ
長崎駅周辺 MAP 付録P.4 C-2

坂本龍馬ゆかりの
いろは丸事件談判の舞台

延宝5年(1677)に長崎奉行や長崎在留唐人が建立。坂本龍馬率いる海援隊の「いろは丸事件」で賠償談判をした寺としても知られる。

☎095-823-0282 所長崎市玉園町3-77 開料拝観自由
交桜町電停から徒歩4分 Pなし

→境内には禁教時代を物語る「じゃがたらお春」の石碑が立つ

長崎駅周辺

長崎の魅力満載のスポット・長崎駅に注目

観光案内所を備え、みやげ屋完備の大型複合施設が隣接。豪華列車のツアーへも、旅の玄関口・長崎駅から。

アミュプラザ長崎
アミュプラザながさき
長崎駅周辺 MAP 付録P.4 A-2

ファッションからエンタメまで

ショッピングからグルメまで高感度な店舗が揃う。映画館や長崎みやげのお店も充実。ホテルにも隣接し長崎観光の要所となる施設。

→長崎の陸の玄関口として約160のショップが出店している

☎095-808-2001(インフォメーションセンター)
所長崎市尾上町1-1
営10:00～20:00(物販)、11:00～21:00(飲食)
休無休(年1回で休館日を設ける場合あり)
交JR長崎駅隣接 Pあり
「びいどろ」50g缶入り1050円(左・ルピシア長崎店)。「ナガサキハンズ タオル手ぬぐい」1399円(右・東急ハンズ長崎店)

JR KYUSHU SWEET TRAIN
或る列車
ジェイアールキュウシュウ スイート トレイン あるれっしゃ
長崎駅 MAP 付録P.4 A-2

100年を経て蘇った幻の豪華列車

明治39年(1906)に発注されるも活躍の機会がなかった豪華列車が復活。車内では、世界的に評価の高い成澤由浩シェフが監修するスイーツコースが味わえる。

☎092-289-1537(JR九州 或る列車ツアーデスク)※9:30～16:00(水曜休)
運行日 土・日曜、祝日を中心に運行(要問い合わせ)
運行区間 季節により異なる
所要時間 約2時間30分
基本プラン 2万6000円～(人数などにより異なる、スイーツコース込)

→黒とゴールドを基調とした"ROYAL"なデザイン
→「ななつ星in九州」にも劣らないラグジュアリーな車内

→車内はメープルなどの天然素材をふんだんに使用している

歴史

大陸に最も近い海洋国は常に外国への懸け橋だった

異国文化が往来する街

俯瞰すれば長崎港を囲む円形劇場のような街の姿が目に入るが、この異国情緒あふれる坂の街には激しい浮き沈みを経た歴史が潜む。異国文化を咀嚼してきた独自の街・長崎を時間旅行してみる。

3～7世紀 古墳時代
壱岐は一支国と断定された
国際性を語る遺物

卑弥呼の時代に著された「魏志倭人伝」に登場する対馬国と一支国に見る豊かな文化

長崎県内最古の遺跡は福井洞穴で、後期旧石器時代～縄文早期の遺物が発見されている。陳寿がまとめた中国の史書『三国志』の「魏志倭人伝」には倭国(日本)の国々のことが書かれ、それによると半島から渡海して最初に至る倭人の国が對馬國(対馬)だ。塔の首遺跡の墳墓群からは楽浪郡や中国製などの副葬品が発見され、豊かな国際性を物語る。対馬から再び海を渡ると「一大國に至る」とあり、これは一支国=壱岐国とされ、原の辻遺跡は一支国の王都と断定されている。古墳時代の遺跡は県内各地にあり、500基ほどを数える。長崎市の曲崎古墳群がよく知られる。

7世紀頃
壱岐・対馬は防衛の最前線
防人が守る国境の島々

朝鮮半島の白村江の敗退で大和政権は北部九州の重要性を認識。山城を築き、防人を置いた

百済復興を願う残党と倭国軍が唐・新羅連合軍と白村江で天智2年(663)に激突して敗退すると、大和政権は防衛のために対馬や筑紫に水城や朝鮮式山城の大野城や金田城などを築き、大宰府防衛ネットワークが形成されていった。対馬や壱岐は防衛的に最前線にあたるため、翌年には防人(北九州防衛のための兵士)と烽(狼煙台)が置かれ、対馬の金田城が完成したのは天智6年(667)のことだった。天平9年(737)になると、東国防人をやめ、筑紫の人に壱岐・対馬を守らせた。

→倭国の防衛ラインとして対馬の城山頂に金田城が造られた。浅茅湾に突き出した三方を海に囲まれた山城で、今も外壁の石塁を見ることができる

福井洞穴 | 旧石器時代に使われた土器

佐世保市街の郊外で発見された福井洞穴には、先史時代の人々の生活の痕跡が残されている。およそ3万年前の旧石器時代から縄文時代にかけての遺跡で、1万2000年前の地層から、細石器で作られた道具と土器が一緒に出土した。旧石器時代から土器時代への移行を示す貴重な資料として注目されている。

原の辻遺跡
はるのつじいせき

壱岐 **MAP** 本書P.2A-3

邪馬台国時代の遺跡で、倭人伝にある「一支国」の中心集落。三重の環濠を備え、一支国の王都であることが確認されている。

☎0920-45-2065(原の辻ガイダンス)
所 壱岐市芦辺町深江鶴亀触1092-5
開 9:00～日没 休 水曜(遺跡公園は入園自由) 料 無料 交 印通寺港・芦辺港から車で10分 P なし

→弥生中期の日本最古の船着き場跡も発掘されている

壱岐市立一支国博物館
いきしりついきこくはくぶつかん

壱岐 **MAP** 本書P.2A-3

島内から出土した資料約2000点を展示し、弥生時代を中心に壱岐の歴史を紹介している。CG映像などを用いた展示演出が人気。

☎0920-45-2731
所 壱岐市芦辺町深江鶴亀触515-1 開 8:45～17:30(入館は～17:00) 休 月曜(祝日の場合は翌日) 料 410円 交 郷ノ浦港から車で20分 P あり

百済滅亡 | 唐・新羅の連合軍に敗退

6～7世紀、朝鮮半島では高句麗・百済・新羅の3国が対立していた。倭国はいずれも友好関係にあった唐と百済が戦う局面で、二者択一を迫られた結果、百済側につく。百済は唐に破れ滅亡。倭国は唐との対立を深めていくこととなった。

平安時代

遣隋使、遣唐使
大陸へはどう渡るか

大陸や半島への渡海には決死の覚悟があった
壱岐・対馬や五島列島は重要な停泊地だった

推古8年(600)に始まった遣隋使は、大坂の難波津から瀬戸内海を経て九州・玄界灘を壱岐・対馬と渡り、朝鮮半島の西側沿いを北上して山東半島へ向かったと考えられる。遣唐使(第1次派遣は630年)の初期は博多から壱岐～対馬を経て新羅経由の北路で向かったが、新羅との関係が悪化すると、平戸から五島列島を経て東シナ海を渡る南路が利用された。五島列島では福江島や中通島に寄港地があり、『肥前国風土記』に「美禰良久の埼」とある福江島の美弥良久(現在の五島市三井楽町)は、遣唐使最後の寄港地だった。

五島列島は倭国の西端にあたり、ここから先は死を覚悟したという。たとえば、延暦23年(804)に第16次遣唐使船で唐へ向かった空海の場合も悲惨だった。五島列島の久賀島田ノ浦から東シナ海に出るコースをとったが嵐に遭遇し、空海が乗る第1船は34日間も漂流することになり、第3、4船は沈没や不明となってしまう。目的地の長安(現在の西安)に着くまでに5カ月が過ぎていた。

鎌倉時代

蒙古軍に襲われた対馬・壱岐
元寇、2度の襲来

対馬、壱岐を襲って博多湾へ。
対馬では男女問わず犠牲になった

モンゴル帝国第5代皇帝フビライの国書が大宰府に届いたのは文永5年(1268)で、建前は親睦を求めるものだったが、あきらかに侵略を意図するものだった。鎌倉幕府・北条時宗は応じなかったため、文永11年(1274)、対馬と壱岐を襲撃したあとで、モンゴル・高麗の連合軍(総勢3万数千)が博多湾から上陸を開始。新兵器"てつはう"や毒矢、集団戦法に日本軍は苦戦を強いられる。しかし暴風雨のために、元軍は撤退し、文永の役は終わる。

弘安4年(1281)、4万2000の東路軍と10万の江南軍からなるモンゴル・漢・高麗連合軍が再び北九州に襲来。しかし、台風に襲われた元の軍船の多数が沈み、フビライの日本征服(弘安の役)は再び失敗に終わるが、その後もたびたび日本に使者を送っている。

遣隋使・遣唐使の推定経路

遣唐使船寄泊地の碑
けんとうしせんきはくのひ

五島列島 MAP 付録P.10A-3

『肥前国風土記』にもある、遣唐使船の日本最後の寄港地として福江島の魚津ヶ崎公園に立つ。季節の花々が美しい。

☎0959-82-1111(五島市岐宿支所) 所五島市岐宿町岐宿1218-1 交福江港ターミナルから車で20分 Pあり

↑遣唐使は8世紀に壱岐・対馬ルートから五島列島ルートへ

辞本涯の碑
じほんがいのひ

五島列島 MAP 付録P.10A-3

空海が遣唐使船で中国に渡ったのは延暦23年(804)。その最後の寄港地・福江島に立つ記念碑。

☎0959-84-3163(五島市三井楽支所) 所五島市三井楽町柏 交福江港ターミナルから車で40分 Pあり

↑遣唐使の渡海は命がけだった

白良ヶ浜万葉公園
しららがはままんようこうえん

五島列島 MAP 付録P.10A-3

遣唐使船型展望台の朱色の船舶が公園のシンボル。『万葉集』にゆかりの歌碑などが立つ。

☎0959-84-3163(五島市三井楽支所) 所五島市三井楽町濱ノ畔 交福江港ターミナルから車で30分 Pあり

↑遣唐使船を模した展望台もある

異国文化が往来する街

↑(左)対馬は文永11年(1274)、蒙古軍に襲撃され、激戦の末、玉砕した。(右)壱岐に上陸した元の連合軍を守護代・平景隆(たいらのかげたか)の軍勢が迎え撃つが、力及ばず自決に至る。矢田一嘯(やだいっしょう)が描いた『元寇の油絵』は14枚組の大作(鎮西身延山本佛寺所蔵)
写真提供:うきは市教育委員会

| 室町時代 | 平戸にポルトガル船が来航

キリスト教伝来

肥前で最初にキリスト教の布教をしたのは
あのザビエル。長崎にはキリシタンの避難場所が

　スペイン人宣教師フランシスコ・デ・ザビエルが鹿児島に上陸して日本で初めてキリスト教を伝えたのは天文18年（1549）。そのザビエルが平戸に入り、領主・松浦隆信の保護を得て布教活動を始めたのはその翌年だった。

　永禄10年（1567）に長崎での布教を始めたのはポルトガル人神父ルイス・デ・アルメイダで、元亀元年（1570）に長崎が開港されると領主・大村純忠の許可を得て、迫害を受けて逃れてきたキリシタンのために新しい町づくりを始めた。のちに〝内町〟と呼ばれる礎となった。天正8年（1580）になると、純忠は長崎と茂木をイエズス会に譲渡している。

| 戦国時代 | キリシタン文化、繁栄の時代

キリシタン大名の誕生

カトリックに惹かれた大村純忠の入信
キリスト教の教育機関も長崎各地に設置

　永禄4年（1561）の「宮の前事件」でポルトガル船は平戸を去り、新たな貿易港として大村領横瀬浦に開港を求めた。これに対し領主・大村純忠は許可を与え、布教も認めることになった。この交渉にあたったのがアルメイダ修道士だ。純忠はやがてキリスト教に惹かれ、洗礼を受けて史上初のキリシタン大名になった。ほかに、豊後藩主・大友宗麟、肥前藩主で浦上をイエズス会に寄進した有馬晴信、高槻藩主・小西行長、筑前国福岡藩祖の黒田孝高（如水）、高山右近らがキリシタン大名となっている。

　「天正遣欧少年使節」を企画したことでも知られるヴァリニャーノは、セミナリヨやコレジヨと呼ばれるキリスト教の教育機関を設け、日本人の司祭を養成した。これらの学校は各地を転々とするが最終的に長崎に至る。

| 宮の前事件 | 絹布の価格をめぐって大惨事

　キリスト教を保護する領主・松浦隆信の政策に、家臣や仏寺の僧侶のなかに反発が高まっていた。そうしたなか、永禄4年（1561）、平戸に入港していたポルトガル商人と平戸商人との間で絹の価格をめぐってトラブルが発生、船長を含む14人のポルトガル人が殺傷された。七郎宮の前で起きたことから「宮の前事件」と呼ばれる。

➡1630年頃の長崎を描いたとされる、現存する最古の長崎図『寛永長崎港図』。右は明治時代に模写されたもの。白い部分が開港後、元亀2年（1571）に大村純忠が造った6町を含む内町（秀吉により長崎は直轄領となり、地租免除内の町という意味でこう名付けられた）、赤い部分が内町の周囲にできた外町（地租免除外の町）で、両者は区別された。中島川に架かる眼鏡橋や図の下方には出島も見える〈長崎歴史文化博物館収蔵〉

| 天正遣欧少年使節 | 4少年が教皇に謁見

　大友宗麟の名代・伊東マンショと、有馬晴信と大村純忠の名代・千々石ミゲルを正使に、中浦ジュリアンと原マルチノを副使として、天正10年（1582）に長崎からローマへ出航。ローマでは教皇グレゴリオ13世に謁見し3大名の書状を捧呈した。欧州各地で大歓迎を受け、8年5カ月後に長崎に帰還した。

➡南蛮風俗を描いた屏風絵で「南蛮屏風」と呼ばれる。左は『南蛮人来朝之図』の左隻で、長崎港に入港した南蛮船と荷揚げの光景。右は同屏風の右隻で、上陸したカピタン一行と南蛮寺を描いている。16世紀後半～17世紀初頭の狩野派の作品といわれている〈長崎歴史文化博物館収蔵〉

キリスト教とセットで隆盛するポルトガルやスペインとの貿易

南蛮貿易

長崎の南蛮貿易はポルトガル船の平戸への来航に始まるが、貿易港は転々と移動し、長崎港に行き着く。南蛮貿易が日本にもたらしたものは多く、今も日常生活に残る。

平戸の繁栄は後期倭寇が貢献 長崎にはイエズス会の町が誕生

南北朝時代の1350年頃、対馬や壱岐、五島列島に武士や漁民が倭寇として高麗沿岸を荒らしていた。高麗はこの前期倭寇の対策を幕府に求めたが、効果はなかった。足利義満の勘合貿易で一時衰退するが、この制度がなくなると再び（後期）倭寇が活発化し、平戸を根拠地とする頭目・王直が武装した船団で密貿易を仕切った。領主・松浦隆信は王直を保護したので平戸は繁栄することになった。

天文19年(1550)、ポルトガル船が最初に平戸に来航すると隆信はこれを歓迎し、南蛮貿易が始まる。元亀2年(1571)に長崎が開港すると、大村純忠の保護を受けてキリシタンの町づくりがなされ、町はイエズス会の所領となり、活字印刷機などがもたらされた。

信長や秀吉も好んだ南蛮文化 ポルトガル語が今も日本に残る

ポルトガルとの貿易によって長崎にもたらされたものが多種多彩だったことは、その多くのポルトガル語が日本に定着していることでもわかる。たとえば服飾関連ではメリヤス、ラシャ、ビロード、マント、カッパ（秀吉はビロードのカッパなどの"南蛮ファッション"がお気に入りだったという）、料理の分野では鶏の水炊きや天ぷらなど、菓子類ではカステラ、ビスケット、コンペイトウ、アルヘイ（有平糖）、（丸）ボーロ、タルトなどがある。日用品にもタバコ、コップ、カルタ（のちに国産の「天正カルタ」として流行）、フラスコ、ビードロなどが伝わっている。しかし、輸入品の最大の製品は中国産の生糸で、ほかに鉄砲や毛織物、香料があった。日本からの輸出品は銀を中心に、刀剣や工芸品が好まれた。

⇧異国人向けに作られた輸出漆器。オランダカピタンの市中散策の様子が描かれている。螺鈿細工阿蘭陀蛇カピタン図盆（短径29.2cm×長径33.7cm×高さ5.8cm）〈長崎歴史文化博物館収蔵〉

⇧南蛮漆器によく見られる化粧箪笥。日本では宣教師が祭具を入れるために使っていたが、もとは南蛮人が調度品として作らせたもの。螺鈿蒔絵四季彩洋櫃（縦30.0cm×横55.4cm×高さ36.5cm）〈長崎歴史文化博物館収蔵〉

⇧輸出用に長崎や京都で製作された箪笥。南蛮人の注文により、太陽や菱形など、イスラム様式の装飾文様が取り入れられている。螺鈿蒔絵菱形文洋箪笥（縦36.4cm×横63.3cm×高さ42.6cm）〈長崎歴史文化博物館収蔵〉

⇧ビードロはガラス工芸品のひとつで、管状の細い吹き口から息を吹き込むと音が鳴る玩具。天文11年(1542)にポルトガルからもたらされた。語源はポルトガル語でガラス製品の意味

シュガーロード

貿易で荷揚げされたもののなかでも高級品とされた砂糖。出島から長崎街道を通り、佐賀や小倉、そして遠く大坂、京都や江戸へ砂糖が運ばれていくなかで、各地の文化や風土を取り入れた菓子文化が、街道を中心に花開いた。長崎街道はこういった歴史背景から「シュガーロード」と呼ばれ、独自の菓子文化が今日まで受け継がれている。

⇧ポルトガル人宣教師ルイス・フロイスが献上したというガラス瓶入りのコンペイトウに信長は大いに喜んだという。そもそも砂糖は当時貴重な高級品であり、宣教師は布教の際にコンペイトウを利用して勧誘していたらしい。カステラ、ボーロもこの頃に輸入された南蛮菓子が定着したものだ

異国文化が往来する街

| 戦国時代〜江戸時代 | 秀吉、バテレン追放令 |

キリスト教弾圧の時代

日本二十六聖人殉教事件から江戸幕府発令の禁教令によってキリスト教は受難の時代へ

　天正15年（1587）に秀吉はキリシタン禁令を発布して、宣教師を日本国内から20日以内に追放することとした。背景には、キリシタン大名が領地を教会に寄進したりする、領土的な問題もあったが、一方で南蛮貿易の利益を確保するためにはキリスト教を利用する必要があったので、禁教令は徹底しなかった。しかし、サン・フェリペ号事件をきっかけに、秀吉は慶長元年12月（1597年2月）、石田三成に命じて都や大坂のフランシスコ会宣教師や信徒を捕らえ、長崎で処刑した「日本二十六聖人殉教事件」が起こった。
　江戸幕府は、すでに前年直轄地に出していた禁教令に続き、慶長19年（1614）に全国的にキリスト教禁止を発令。ここにキリシタン弾圧という長い受難の時代が始まった。

| 江戸時代 | 欧州との窓口は出島だけ |

鎖国時代の貿易

家光による鎖国体制の完成と生糸をめぐるオランダと中国の対立で銀が大量に流出する

　寛永16年（1639）、ポルトガル船の来航が禁じられ、オランダ商館の出島（1634年の築造）への移転が命じられて、幕府の鎖国体制が確立する。ヨーロッパとの窓口はオランダのみとなったが、これは宗教対策であり、密貿易を阻止して貿易による利益を幕府が独占することでもあった。オランダからの輸入品の多くは中国産の生糸だったので、中国船とは競合し、唐人（中国商人）とは対立していた。ほかに、砂糖や香料、薬品などを輸入。日本からの輸出品は銀や銅、金などが主流だった。この時代、長崎でいちばん多かった異人は唐人だった。やがて中国船は生糸の輸出でオランダ船を圧倒し、その結果、流出する銀の量は膨大となり、幕府は「定高仕法」を施行して銀の流出を制限した。

| 島原の乱 | 信仰と農民一揆が呼応して |

　寛永14〜15年（1637〜38）に重税やキリシタン禁教に苦しむ島原と天草の農民が島原半島で合流し、（天草）四郎時貞ジェロニモを総大将にして蜂起。原城に約2万数千人が籠城して激しく制圧軍と戦ったが、2日間の攻防でほぼ全員が殺害された。これによりキリシタン弾圧はさらに徹底されることになる。

| 唐人屋敷 | 密貿易対策でできた街 |

　鎖国後の交易は唐船とオランダ船に限られていたが、貿易高の制限によって密貿易が増加、その対策として建設されたのが元禄2年（1689）に完成した唐人屋敷だ。市内にいた唐人をここに移住させ自由に出入りすることを禁じた。来航した唐船の商人たちもここに隔離して、輸入貨物を厳重にチェックした。（唐人屋敷跡P.54）

長崎三福寺

長崎に建立された唐寺の総称で、興福寺が元和6年（1620）、福済寺が寛永5年（1628）、崇福寺が寛永6年（1629）に、長崎に在留していたそれぞれ中国の出身地別の華僑らの寄付によって、菩提寺として建てられ、媽祖神なども祀ったが、のちに黄檗宗の寺院となる。

興福寺 ◎ P.57
こうふくじ
寺町 MAP 付録P.7 F-1

日本最古の唐寺で、インゲン豆や明朝体文字の発祥の寺でもある。朱色の門から「あか寺」と呼ばれる。

崇福寺 ◎ P.57
そうふくじ
寺町 MAP 付録P.7 F-3

第一峰門や市内最古の建造物・大雄宝殿は国宝。ほかに重要文化財や史跡を多く持つ。

福済寺
ふくさいじ
長崎駅周辺 MAP 付録P.4 B-2

原爆で建物は焼失するが、原爆の犠牲者を弔う高さ18mの観音像が亀の上に立つ。

☎ 095-823-2663
所 長崎市筑後町2-56
開 7:00〜17:00
休 拝観自由
交 JR長崎駅から徒歩8分
P あり

◎島原の乱により寛永16年（1639）にポルトガル船の来航を禁止、同18年（1641）には徳川家光がオランダ商館を出島へ移転させ、鎖国が完成する。川原慶賀『出島図』〈長崎歴史文化博物館収蔵〉

『唐蘭館絵巻 蘭船入港図』(左)、『唐蘭館絵巻 龍踊図』(右)。これらを描いた川原慶賀(かわはらけいが)は、シーボルトの依頼で描いた動植物画の挿絵や洋画風の風景、風俗画などで知られる〈長崎歴史文化博物館収蔵〉

江戸時代 — オランダとの出会いに驚く
蘭学と紅毛文化

多くの俊英がオランダ医学を学び、18世紀には阿蘭陀趣味(オランダしゅみ)が流行し、江戸の粋へつながる

　オランダ語の通詞は阿蘭陀通詞によってなされたが、貿易や紅毛文化の紹介、オランダ語の学習にも大きな役割を果たした。医学の分野では、オランダ軍医ポンペが幕府の医療学校「長崎養生所(ながさきようじょうしょ)」を開き、松本良順(まつもとりょうじゅん)らが学んだ。後任のボードウィンは物理と化学の施設を増設。商館医として来日したシーボルトは「鳴滝塾(なるたきじゅく)」を開校し医学を教え、ケンペルは出島の薬草園を整備した。生活レベルでは、加工された皮革類が利用され、ズックやリネンなどのオランダ語が定着していく。肉食習慣も庶民の間に浸透していった。

フェートン号事件 — 海防の強化が課題に

　オランダ船捕獲を目的にイギリスの軍艦フェートン号がオランダ国旗を掲げて長崎港に侵入してオランダ商館員を拉致し、日本側に水と食糧を要求した。それらを与えると人質は解放され、イギリス船は退去するが、責任をとって長崎奉行・松平康英(まつだいらやすひで)は切腹、その遺書には警備態勢の不備が訴えられていた。

江戸時代 — 和親条約締結と布教の許可
開国へ

大浦天主堂(おおうらてんしゅどう)と居留地内での布教。発足した「海軍伝習所(かいぐんでんしゅうじょ)」では勝海舟や五代友厚も学んだ

　ロシア使節プチャーチンの軍艦が嘉永(かえい)6年(1853)に長崎に来航し、開国を求めた。翌年、幕府はアメリカをはじめ、ロシア、イギリス、フランス、オランダと和親条約を締結(1855年)し、長崎・兵庫・神奈川・箱館(函館)、新潟各港を開港した。長崎ではキリスト教の布教が居留地内で許され、元治元年(1864)には大浦天主堂(フランス寺)が完成している。「海軍伝習所」はオランダ海軍から技術を習得する施設で、勝海舟や榎本武揚(えのもとたけあき)らがここで学んでいる。
　安政6年(1859)に来日した貿易商、トーマス・B・グラバーは、坂本龍馬が設立した亀山社中の仲介などにより諸藩との取引を拡大していく。同年、長崎は上記5か国との自由貿易が許可された。慶応3年(1867)、大政奉還され、鎖国体制を敷いた江戸幕府は、その歴史の幕を閉じた。

『若き日のシーボルト先生とその従僕図』。シーボルトは慶賀の才能を見抜いた〈長崎歴史文化博物館収蔵〉

慶賀による『瀉血手術図』。西洋人医師が外科手術を施している〈長崎歴史文化博物館収蔵〉

丸山遊郭(まるやまゆうかく) — 遊女は出島・唐人屋敷に出張した

　江戸の吉原、京の島原と並び、日本三大花街のひとつに数えられる丸山遊郭は、寛永19年(1642)に市中の遊女を丸山に移住させたのが始まり。丸山の遊女は出島や唐人屋敷に入ることが認められており、なじみの外国人のもとに居続けることもあったという。

異国文化が往来する街

悲惨な弾圧にも屈しない敬神の心
潜伏キリシタン信仰の足跡

発覚すれば凄絶な拷問が待つ禁教の世。長崎では多くの潜伏キリシタンがひっそりと信仰を守っていた。

↑原城跡に立つ天草四郎像（北村西望氏作）。天草四郎は一揆勢のシンボルとしてカリスマ的な存在であった

明治の初めまで続いた迫害 それでも信仰は捨てなかった

五島列島の福江島北東に位置する久賀島（長崎県五島市）は、遣唐使船の寄港地でもあったが、多くの潜伏キリシタンが入植した島でもあり、世界遺産の「久賀島の集落」に含まれる旧五輪教会堂（P.128）もある。明治元年（1868）、キリシタンであることを告白した信徒が弾圧され、いわゆる「五島崩れ」が起き、当時牢屋のあった地には「牢屋の窄殉教記念教会」が建っている。"崩れ"とは潜伏キリシタンを探し出して処刑すること。敷地内には信education碑も立ち、弾圧で犠牲になった42名の信徒の遺骨が納められている。幕末・明治になってもキリシタンへの迫害は続いたのだった。

↑島原・天草一揆で12万を超える幕府側の軍勢に攻められる原城。『嶋原陣図御屏風（戦闘図）』〈朝倉市秋月博物館蔵〉

踏絵などの手段でキリシタンを逮捕。過酷な拷問で棄教を迫る

長崎での布教は、ザビエルにより平戸で始まる。しかし、天正15年（1587）、九州を平定した秀吉はバテレン追放令を発布する。慶長元年（1596）のサン・フェリペ号事件では、キリスト教の領土的問題が原因で、宣教師や信者26人を長崎で処刑した。徳川幕府は慶長18年（1613）、全国に禁教令を出し、キリシタン受難の歴史が始まる。2代将軍秀忠は禁教をさらに徹底した。その手段として踏絵、訴人褒賞制などが実施された。寛永14～15年（1637～38）に起こった島原・天草一揆は禁教にさらに拍車をかけ、鎖国を完成させるにいたった。

有馬キリシタン遺産記念館
ありまキリシタンいさんきねんかん
島原 MAP 本書P.3 F-4

世界遺産のガイダンス施設 キリシタン文化の歴史を語る

日野江城を拠点とした有馬氏の物語や原城跡から出土したキリシタン関連の遺物の展示などから、弾圧や島原・天草一揆の物語を知る施設。

↑島原（P.152）の中心部から海沿いを南下したところに位置する

☎0957-85-3217　南島原市南有馬町乙1395
時9:00～18:00　休木曜　料300円
交島原鉄道・島原駅から車で40分　Pあり

原城跡
はらじょうあと
島原 MAP 本書P.3 F-4　**世界遺産**

寛永14年（1637）に勃発した島原・天草一揆の舞台となった城

一揆勢は12月から2月までの約3カ月におよび、原城に籠城したが、圧倒的な幕府軍の総攻撃により全滅した。

↑発掘調査で検出された原城本丸門跡。外枡形の出入口で門の礎石が残っている

☎0957-73-6706（南島原市教育委員会世界遺産推進室）　南島原市南有馬町　原城前バス停から徒歩15分　原城温泉 真砂駐車場利用

歩く●観る●歴史

柱に刻まれた十字やマリア観音
隠れだからこその強固な結束力

島原・天草一揆以降、潜伏キリシタンは徹底的に探し出され、多くのキリシタンは改宗するか、刑死した。そうしたなか明暦3年(1657)、大村藩郡村(現・大村市)でキリシタンが発見され、多くの信徒が処刑された、いわゆる「郡崩れ」が起こった。しかしそれでも信徒たちは平戸や浦上、生月島、五島列島、天草などに潜み、信仰を偽装するために慈母観音像（マリア観音）などを聖母マリア像として礼拝し、結束力の強い集落をつくって、キリシタン信仰を守り継いだ。葬儀も仏式のあとにキリシタン式で行ったという。

「信徒発見」で
さらなる物語が生まれる

鎖国が終わると「信徒発見」が起こった。長崎の外国人居留地に大浦天主堂(P.40)が完成するが、慶応元年(1865)に、250年もの間潜上に潜伏していたキリシタンの子孫たちがプティジャン神父に信仰を告白。2年後、浦上のキリシタンが摘発されて「浦上四番崩れ」となり、3000名以上の信徒が流刑となった。

この事件は国際的に非難され、明治6年(1873)に明治政府は禁教令の高札を撤去し、黙認することになる。これによりそれぞれの集落には教会が次々と建設されることとなった。たとえば五島列島の新上五島町には、現在29の教会が点在する。

⇦⇨ 左は、長崎・西坂で処刑された信徒を描いた銅版画。ジャック・カロ『長崎の殉教者』〈日本二十六聖人記念館所蔵〉。右は、二十六聖人殉教記念碑（舟越保武作）

⇧ キリシタン禁制の高札(こうさつ)。天和2年(1682)のもの〈日本二十六聖人記念館所蔵〉

⇦ ピエタ（十字架から下ろされたキリストを抱く聖母マリアを描いたもの）が板踏み絵として利用されることもあった〈日本二十六聖人記念館所蔵〉

⇦ 堂崎天主堂のマリア観音。潜伏キリシタンは聖母子像の代わりに観音像に祈りを捧げた〈堂崎天主堂所蔵〉

⇦ 雲仙地獄でのキリシタンへの拷問を描いた『雲仙の殉教』。1669年に出版されたモンタヌス著『日本誌』に掲載された〈日本二十六聖人記念館所蔵〉

⇧ 浦上の信徒が大浦天主堂の神父に信仰の告白をする「信徒発見」の場面を描いたレリーフ
©2021 長崎の教会群情報センター

平戸市生月町博物館 島の館
ひらどしいきつきちょうはくぶつかん しまのやかた

平戸 MAP 本書P.2 C-1

潜伏キリシタンの信仰と
捕鯨が盛んだった島

生月島は平戸の北西にある小さな島で、本土とは生月大橋で結ばれている。江戸時代の基幹産業であった捕鯨に関する資料や、現在も継承する潜伏キリシタンの信仰の歴史を展示で紹介する。

☎0950-53-3000
⏰9:00～17:00(入館は～16:30)
休 無休
料 520円
交 松浦鉄道・たびら平戸口駅から車で2時間
P あり
所 平戸市生月町南免4289-1

⇧ 2階の展示室に潜伏キリシタンのコーナーがある

潜伏キリシタン 信仰の足跡

世界遺産 戦後の高度成長を支えた炭鉱の島

軍艦島 <small>ぐんかんじま</small>

「明治日本の産業革命遺産 製鉄・製鋼、造船、石炭産業」の構成資産。コンクリートと無機質な建物からなる廃墟の島で長崎の近代化を思う。

夕日に照らされた軍艦島を遠くに望む

かつて賑わった面影はなく、荒涼とした風景が広がる

近代日本のエネルギーを支えた人工島
風化により廃墟と化した島へ上陸

端島（軍艦島）
<small>はしま（ぐんかんじま）</small>

端島 **MAP** 付録 P.15 D-4

　長崎港から南西約19kmに位置する軍艦島は正式名称「端島」。江戸時代後期に石炭が発見され、明治23年（1890）には本格的な海底炭鉱として操業を開始し、炭鉱従事者が生活するようになった。島は3分の2が埋め立て地で、長らく日本のエネルギー供給を支えてきたが、昭和49年（1974）に閉山、同年4月には無人島になった。閉山後長年放置され、アパート群や学校などの建物が風化。建物などのシルエットが、軍艦「土佐」に似ていたことから「軍艦島」という通称で呼ばれるようになった。

☎ 095-822-8888
（長崎市コールセンター「あじさいコール」）
所 長崎市高島町
上陸はツアーへの参加が必須、所要1～3時間

軍艦島写真館

戦後日本の面影を探して
暮らしぶりは良く、テレビが各家庭にあったほど。地域のつながりも深く、最盛期には約5300人もの住民がいた。

中庭の公園で遊ぶ子どもたちはみんなで見守った

屋上に花壇や菜園が作られ、日本発の屋上緑化が進んだ。ほぼ緑のない島内では貴重なスペースだ

病院、理容院やパチンコ店に映画館といった娯楽施設も充実していた

昭和49年（1974）に閉山し、無人島となった

第3見学広場
東シナ海に面したエリアで人々の暮らしが見学できる。昭和33年(1958)建造のプールが残る。

第2見学広場
三菱の職員館など中枢の役割を果たした建物が残る。端島4つの堅坑のひとつ第二坑口がある。

30号棟 鉱員住宅
大正5年(1916)に建てられた日本初の7階建て鉄筋構造アパート。部屋数は最大期には140を数えた。

迫力のある外観は、まさに軍艦そのもの

端島(軍艦島)

入坑桟橋
地下600mの採掘場への入口。近くの共同浴場で炭鉱マンは体の汚れを落とした。

第1見学広場
島の玄関口ドルフィン桟橋から徒歩すぐ。採掘用エレベーター跡やベルトコンベアの支柱がある。

65号棟 鉱員住宅 報国寮
昭和20年(1945)〜の建造。八幡製鉄所に送られた良質の石炭が軍事を支えたための名称。

↑最盛期の昭和35年(1960)には、約5300人もの人が住み、人口密度は当時の東京都区部の約9倍に達した。

↑島民の胃袋を満たす朝市は、情報交換の場所でもあり社交場でもあった

軍艦島上陸ツアーはコチラ

やまさ海運
軍艦島上陸周遊コース
出島・ベイエリア MAP 付録P.6A-1
島の周りを船で一周するので、軍艦のように見えるベストショットもバッチリ。
☎095-822-5002(やまさ海運)
所 長崎市元船町17-3 長崎港ターミナル1F
出航時間 9:00、13:00 各20分前から乗船
所要時間 2時間30分 料 4510円(インターネット割引あり) 交 大波止電停から徒歩5分

軍艦島コンシェルジュ
軍艦島上陸・周遊ツアー
出島・ベイエリア MAP 付録P.8 B-1
独自のサービスの数々と、写真や動画を使った楽しい工夫が好評。
☎095-895-9300
所 長崎市常盤町1-60 常盤ターミナルビル102号
出航時間 10:30、13:40 集合は各50分前
所要時間 2時間30分 料 4300円 交 大浦海岸通電停から徒歩1分
※2021年4月から集合場所、料金が変更になる場合あり(HPで要確認)

シーマン商会 軍艦島ツアー
出島・ベイエリア MAP 付録P.6A-4
NPOの物知りガイドが説明するなどディープ。本物の石炭と上陸証明書がもらえる。
☎095-818-1105 所 長崎市常盤町常盤2号桟橋
出航時間 10:30、13:40 集合は各20分前
所要時間 2時間30分 料 4210円(インターネット割引あり) 交 大浦海岸通電停から徒歩2分

高島海上交通
軍艦島上陸クルーズ
出島・ベイエリア MAP 付録P.6 B-1
桟橋ではオレンジの船やのぼりが目印。ガイドの知識も豊富と評判。
☎095-827-2470 所 長崎市元船町11-22
出航時間 9:10、14:00 集合は各20分前 所要時間 3時間10分 料 3910円 交 大波止電停から徒歩3分

馬場広徳 軍艦島上陸クルーズ
長崎半島南部 MAP 本書P.3 D-4
規模は小さいが乗船10分ほどで着くので、船酔いにはなりにくい。
☎090-8225-8107 所 長崎市野母町長崎のもん湯前桟橋
出航時間 10:00、15:00 集合は各20分前
所要時間 1時間30分 料 船チャーターのため要問い合わせ 交 長崎駅前南Aバス停から長崎バス・樺島行きで1時間、運動公園前下車、徒歩10分

軍艦島

[世界遺産] 西洋の技術を取り入れて急発進

明治日本の産業革命遺産

幕末から明治にかけて造船・石炭産業で日本の産業発展の礎を担った長崎。遺構を目にすれば、その技術と知恵に驚かされるだろう。

幕末からわずか半世紀で造船大国へ 日本の重工業はここから始まった

三菱長崎造船所
みつびしながさきぞうせんしょ

安政4年(1857)、オランダから技術者や資材を取り寄せて、船の機関の修理を目的とした日本初の本格洋式工場を建設、文久元年(1861)に完成し「長崎製鉄所」と名付けられた。維新後は明治政府が経営するが、明治17年(1884)に三菱が借り上げて稼働、明治20年(1887)には鉄製汽船「夕顔丸」を竣工させた。同年に三菱に払い下げられ、現三菱の経営となる。明治31年(1898)、6000t超の大型船「常陸丸」を建造、西洋式造船技術が皆無だった幕末からわずか半世紀で東洋一の造船所と謳われるまでに。

三菱長崎造船所
関連資産5カ所
造船所敷地内に旧木型場、ジャイアント・カンチレバークレーン、第三船渠、占勝閣が、対岸に小菅修船場跡がある。

旧木型場(長崎造船所史料館)
赤レンガ製で、明治31年(1898)に「木型場」として建設。同造船所に現存する最古の工場建屋。
長崎市内 MAP 付録P.3 D-4
➡P.80

占勝閣
せんしょうかく
長崎造船所所長宅として明治37年(1904)に建てられ、今日まで迎賓館として使われている。
長崎市内 MAP 付録P.3 E-4 非公開

第三船渠
だいさんせんきょ
明治38年(1905)に竣工したドライドック。当時の電気モーターと排水ポンプは現在も稼働する。
長崎市内 MAP 付録P.3 E-4
非公開

歩く・観る●世界遺産

78 三菱長崎造船所写真提供:三菱重工業(株)

ジャイアント・カンチレバークレーン 非公開
明治42年(1909)、重量物を搭載するため150tのカンチレバークレーンを設置。現在も現役で稼働中。
長崎市内 MAP 付録P.3 D-4

明治日本の産業革命遺産

小菅修船場跡
明治元年(1868)建設の船舶修理施設。「ソロバンドック」。
長崎市内 MAP 付録P.3 F-3

近代炭鉱の黎明期に影響を与えた日本初の蒸気機関導入の洋式竪坑跡

高島炭坑（北渓井坑跡）
たかしまたんこう（ほっけいせいこうあと）

高島 MAP 付録P.15 E-3

慶応4年（1868）、長崎港から約14.5km南西に浮かぶ高島に、グラバーが佐賀藩と共同経営で開発した炭鉱。イギリスから技師モーリスを招き日本初となる西洋の蒸気機関を導入して竪坑を掘削し、その翌年に深さ43mで着炭し開坑したのが「北渓井坑」である。現在もそれらの痕跡とされる遺構が地中に残存している。明治9年（1876）に廃坑。高島炭坑は明治14年（1881）に三菱に買収される。だがグラバーは再雇用され、高島炭鉱の発展に貢献した。昭和61年（1986）に閉山。

☎095-896-3110（長崎市高島地域センター）
🏠長崎市高島町99-1 🚢長崎港ターミナルから高速船・高島港行きで34分、高島港から高島バスで10分

➡日本初の洋式竪坑として開坑した北渓井坑だが、明治9年（1876）に海水浸入のため廃坑に

さらに発展する太郎像。三菱は高島炭鉱によりさ
➡高島港ターミナルに立つ岩崎彌

➡北渓井坑跡の北側、海を見下ろす小高い丘の上にあったグラバー別邸跡。船着場まで石畳の通路が残る

➡グラバー別邸跡には建物の基礎石や井戸跡、便器と思われる遺構などがある

産業革命の背景が学べるスポット

それぞれの産業について知りたくなったら資料館へ。長崎の歩みを深く知れば、もっと中身の濃い旅になる。

軍艦島資料館
ぐんかんじましりょうかん

長崎半島南部 MAP 本書P.3 D-4

軍艦島に関するパネル展示や映像が見られる。展望台からは軍艦島の眺望も。

☎095-893-1651 🏠長崎市野母町562-1
🕘9:00～17:00 🚫無休 💴200円
🚌長崎駅前南口バス停から長崎バス・樺島行きで1時間、運動公園前下車、徒歩1分 🅿あり

長崎造船所史料館
ながさきぞうせんじょしりょうかん

長崎市内 MAP 付録P.3 D-4

日本最古の工作機械や海底調査の泳気鐘など約900点余の史料を展示する。予約制。

☎095-828-4134 🏠長崎市飽の浦町1-1
🕘9:00～16:30 🚫第2土曜、不定休あり
💴800円 🚌JR長崎駅前から専用シャトルバスで15分 🅿なし

※2021年2月現在、工事中のため休館中（HPで要確認）

長崎市高島石炭資料館
ながさきしたかしませきたんしりょうかん

高島 MAP 付録P.15 E-4

高島炭坑の歴史資料をはじめ実際に使用されていたトロッコや採炭機械のほか、端島の模型なども展示。

☎095-829-1193（長崎市文化財課）
🏠長崎市高島町2706-8 🕘9:00～17:00 🚫無休 💴無料 🚢長崎港ターミナルから高速船・高島港行きで34分、高島港から徒歩2分 🅿なし

日本の近代化を牽引したキーパーソン
岩崎彌太郎の三菱とグラバーの長崎での蜜月関係

南蛮貿易の街、長崎で花開いたテクノロジーの軌跡。
日本初の近代化を推し進めた陰に情熱の魂があった。

長崎の石炭業と造船業が日本の工業の次元を変えた

現在の日本は世界有数の工業大国だが、その土台は幕末から明治にかけての長崎にある。ペリー率いる黒船艦隊の浦賀来港で外国の軍事力を目の当たりにした江戸幕府は、海防力の強化を図るため長崎にオランダ軍人を招いて海軍伝習所を設立。地理的に大陸に近い長崎は鎖国時代から唯一の西欧との交易場であり、外国の技術や文化の導入に最も適した土地柄であったためだ。

■ 石炭産業

蒸気船をはじめ西洋式機械は石炭を燃料とした。高島炭礦の「北渓井坑」は日本で初めて蒸気機械を用いた採炭方法を導入、それまでの人力から近代的な採炭方法へと一新させた。端島炭坑はその技術を引き継いで、さらに発展させる。長崎は国内有数の石炭産出量と品質で日本の工業化を支えていった。

■ 造船業

海軍伝習所は蒸気船修理場を必要としたため「長崎製鉄所」(旧・長崎溶鉄所)を併設、日本初の本格的な洋式工場が長崎に誕生する。主な目的は艦船修復のための機械工場で、国内初の工作機械である「竪削盤」をオランダから導入した。明治に入って「長崎造船所」となり民間に移譲されると、本格的な造船のほか炭坑機械、印刷機、農機具などを製造する総業産業へと発展、近代化を加速させた。

↑ グラバー園(P.42)から長崎港を一望

↑ 土佐出身の岩崎彌太郎は「高島炭坑」や「長崎造船所」を買い取り、長崎の近代化に貢献した 〈国立国会図書館所蔵〉

↑ 日本初の洋式近代技術を長崎にもたらしたトーマス・B・グラバー。岩崎彌太郎との結びつきも深かった 〈長崎歴史文化博物館収蔵〉

日本の近代化に尽したグラバーと岩崎彌太郎

長崎の産業革命を語るうえで欠かすことのできない人物が2人いる。トーマス・B・グラバーは、自ら開発した「小菅修船場」や「北渓井坑」で、蒸気機械を用いた功績がある。もうひとりが三菱財閥の創始者である岩崎彌太郎だ。「高島炭坑」や「長崎造船所」を発展させ、日本の鉱業および重工業の黎明期を築いた。グラバーは高島炭坑(P.80)と深く関わり成功に導いている。

↑ 国内外の蒸気船が数多く立ち寄る長崎は、それらの需要を満たす造船業と炭鉱業を発展させることで日本の近代化を支えた『長崎製鉄所風景図』〈長崎歴史文化博物館収蔵〉

産業革命遺産　岩崎彌太郎の三菱とグラバー

長崎 歴史年表

時代	西暦	元号	事項
飛鳥時代	600	推古 8	遣隋使が派遣される（第1次）
	663	天智 2	白村江の戦い
	664	3	対馬・壱岐・北松に防人・烽をおく
	667	6	対馬に金田城を築城
	673	天武 2	対馬から朝廷に銀を献上
	676	5	統一新羅成立
奈良時代	736	天平 8	遣新羅使節の停泊
	741	13	対馬・壱岐に島分寺（国分寺）を建立
平安時代	804	延暦 23	最澄・空海、遣唐使とともに五島に寄泊
	894	寛平 6	新羅の賊船を撃退
鎌倉時代	1274	文永 11	文永の役
	1281	弘安 4	弘安の役
室町時代	1419	応永 26	応永の外寇（朝鮮の兵船・軍兵が対馬に侵入）
	1443	嘉吉 3	宗氏、朝鮮と歳遣船について条約を結ぶ
戦国時代	1496	明応 5	有馬貴純、原城（**原城跡** ➡ P.74）を築く
	1542	天文 11	王直が平戸に来住
	1543	12	種子島にポルトガル船
	1549	18	フランシスコ・デ・ザビエル、日本で布教
	1550	19	ポルトガル船、平戸に来航
	1561	永禄 4	宮の前事件
	1562	5	西浦市の横瀬浦をポルトガル貿易港として開港
	1563	6	大村純忠、洗礼を受けて初のキリシタン大名になる
	1567	10	ポルトガル船、口之津に入港
	1571	元亀 2	長崎港開港
安土桃山時代	1580	天正 8	大村純忠、長崎・茂木をイエズス会に寄進
	1582	10	天正遣欧少年使節として4名の日本人少年がヨーロッパへ（〜1590）
	1584	12	有馬晴信、浦上をイエズス会に寄進
	1587	15	秀吉、バテレン追放令
	1588	16	秀吉、長崎・茂木・浦上を直轄地に
	1591	19	初の活版印刷物が発行される
	1596	慶長 元	サン・フェリペ号事件
	1597	2	日本二十六聖人殉教事件（**日本二十六聖人殉教地・記念館** ➡ P.66）
	1600	5	オランダ船デ・リーフデ号、豊後臼杵の沖に漂着
	1601	6	被昇天の聖母教会（サン・パウロ教会）建設
江戸時代	1609	14	オランダ東インド会社、平戸に商館開設
	1612	17	徳川幕府、直轄領に禁教令
	1613	18	イギリス東インド会社、平戸に商館開設の許可
	1614	19	徳川幕府、全国に禁教令
	1620	元和 6	長崎三福寺のひとつ、**興福寺** ➡ P.57 創建
	1622	8	元和の大殉教（長崎でキリシタン55名が処刑）
	1623	9	平戸のイギリス商館、閉鎖
	1624	寛永 元	スペイン船の来航禁止
	1628	5	長崎三福寺のひとつ、**福済寺** ➡ P.72 創建

時代	西暦	元号	事項
江戸時代	1629	寛永 6	長崎三福寺のひとつ、**崇福寺** ➡ P.57 創建
	1634	11	出島築造に着手 日本人の海外渡航禁止（第2次鎖国令）
	1635	12	唐船の入港を長崎港に限定 海外渡航禁止（第3次鎖国令）
	1636	13	ポルトガル人を出島に収容（第4次鎖国令）
	1637	14	島原・天草一揆（〜1638年）
	1639	16	ポルトガル船の来航禁止
	1641	18	オランダ商館が平戸から出島へ移転（**国指定史跡「出島和蘭商館跡」** ➡ P.50）
	1657	明暦 3	大村領のキリシタン600余人が捕らえられる（郡崩れ）
	1662	寛文 2	出島内に伊万里焼の店を開店
	1663	3	長崎、寛文の大火
	1673	延宝 元	英船リターン号が長崎に入港
	1689	元禄 2	唐人屋敷（**唐人屋敷跡** ➡ P.54）完成
	1690		オランダ商館医ケンペル来日
	1716	享保 元	享保の改革が始まる
	1720	5	幕府、洋学を解禁
	1774	安永 3	『解体新書』出版
	1790	寛政 2	浦上一番崩れ
	1792	4	雲仙岳の大爆発
	1804	文化 元	ロシア使節レザノフ長崎入港
	1808	5	フェートン号事件
	1815	12	杉田玄白『蘭学事始』
	1823	文政 6	オランダ商館医シーボルト来日
	1824	7	シーボルト、鳴滝塾を開設
	1825	8	異国船打払令
	1828	11	シーボルト事件
	1840	天保 11	アヘン戦争（〜1842）
	1841	12	天保の改革（〜1843）
	1853	嘉永 6	アメリカの使節ペリー浦賀に来航 ロシアの使節プチャーチン長崎に来航
	1854	安政 元	アメリカ、イギリス、ロシアと和親条約
	1855	2	海軍伝習所を開設
	1856	3	オランダと和親条約、出島解放令
	1857	4	医学伝習所を開設
	1858	5	安政の五カ国条約
	1859	6	出島の和蘭商館廃止、領事館となる トーマス・B・グラバー来日
	1860	万延 元	外国人居留地完成
	1864	元治 元	**大浦天主堂** ➡ P.23/P.40 建設
	1865	慶応 元	信徒発見
	1867	3	浦上四番崩れ
明治〜昭和	1873	明治 6	キリシタン禁制廃止
	1879	12	**浦上天主堂** ➡ P.63 建設
	1884	17	長崎造船所、三菱の経営となる
	1905	38	九州鉄道、長崎〜浦上間が開通
	1923	大正 12	長崎丸、長崎〜上海間に就航
	1945	昭和 20	長崎市に原爆が投下される

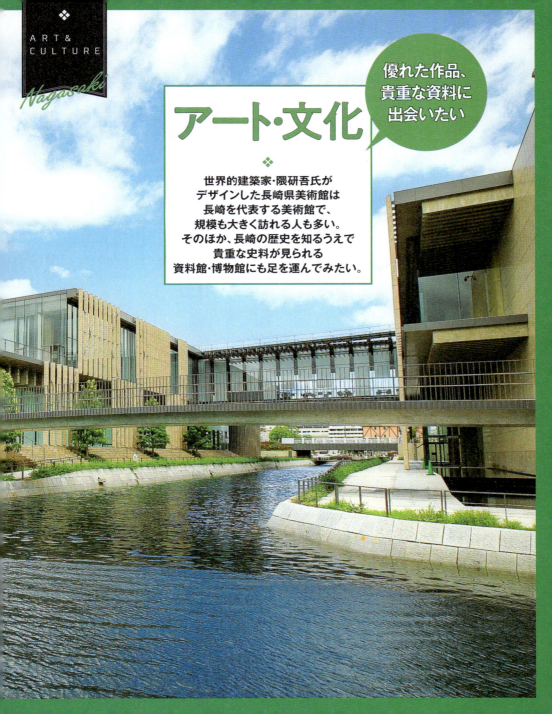

アート・文化

ART & CULTURE Nagasaki

優れた作品、貴重な資料に出会いたい

世界的建築家・隈研吾氏がデザインした長崎県美術館は長崎を代表する美術館で、規模も大きく訪れる人も多い。そのほか、長崎の歴史を知るうえで貴重な史料が見られる資料館・博物館にも足を運んでみたい。

光と風が舞う水辺の美術館で大人の時間を過ごす

長崎ゆかりの**ミュージアム**

自然と融合したガラスのカーテンウォールに囲まれた美術館で、スペイン美術や長崎ゆかりの美術にふれられる至福の時間。

鑑賞のポイント
- まずは、所蔵作品を紹介するコレクション展を鑑賞しよう
- 企画展は充実の内容。開催していれば、ぜひ、そちらも鑑賞
- 味・雰囲気・眺めが最高の「橋の回廊」のカフェでひと休みも

アート・文化 ● 美術館&博物館

↑設計は世界的な建築家・隈研吾氏と株式会社日本設計。運河を挟んで東西に2棟が建ち、2階「橋の回廊」でつながる

長崎県美術館
ながさきけんびじゅつかん

出島・ベイエリア MAP 付録P.6A-3

四季の自然と憩いを感じながら珠玉のコレクションを鑑賞

長崎水辺の森公園(P.49)に隣接する豊かな自然を楽しみながら、長崎屈指の美術品や世界的な傑作を間近にできる。

収蔵品は約8000点を誇り、「須磨コレクション」と呼ばれる個人コレクションを母体とし、中世のキリスト教美術から、ピカソ、ダリなど近現代までに及ぶスペイン美術や、長崎ゆかりの美術が中心。そのなかから選りすぐった作品を年数回の展示替えで紹介するコレクション展が中核となり、加えて、企画展も随時開催している。建物の2階中央「橋の回廊」には洗練されたカフェがあり、運河と緑地の眺めも一枚の絵のように素晴らしい。

☎ 095-833-2110　所 長崎市出島町2-1
営 10:00〜20:00　休 第2・4月曜(祝日の場合は翌日)
料 コレクション展420円(企画展は内容による)
交 メディカルセンター電停から徒歩2分/出島電停から徒歩3分
P あり(障害者専用駐車場3台あり)

↑美術館の正面玄関には大型ビジョンがあり、映像作品やイベント情報を上映

↑緑化された屋上庭園には、彫刻などを配置。長崎港を一望できるパノラマも魅力

↑常設展示室は全5室で構成され、やわらかな外光が降り注ぐ中庭もあり、心地よい鑑賞空間
※紹介している収蔵品は企画により展示されていない場合もある

山本森之助
『雨後』
1928（昭和3）年
長崎県美術館所蔵
黒田清輝に学び、白馬会で活動した長崎出身の洋画家。精緻な写実技法と日本画風の趣が特徴。

渡辺（宮崎）与平『帯』
1911（明治44）年
長崎県美術館所蔵
22歳で夭折した長崎出身の天才画家の代表作。妻・ふみ子を描いたもので、深い愛情がほとばしる。

フアン・カレーニョ・デ・ミランダ
『聖アンナ、聖ヨアキム、洗礼者聖ヨハネのいる聖母子』
1646-55年頃
長崎県美術館所蔵
17世紀にマドリッドで活躍したスペイン画家の作品で、宗教画ながらバロックの華やぎを持つ。

鑑賞後のお楽しみ
カフェ＆ショップ
瀟洒な空間で味わうグルメと、立地を生かした眺めもアートのひとつだ。美術鑑賞とセットで楽しみたい。

▼カフェ　[入館料不要]
空中回廊でカフェブレイクを
長崎県産の有機栽培米や野菜など食材にこだわったメニューを、運河を眺めながら楽しめる。
🕐11:00～16:00（フードLO15:30）※変動する場合あり　￥D385円～

⬆陽光が降り注ぐ開放的な店内

⬆長崎名物の角煮を楽しめる「いろどり野菜長崎角煮ごはん」880円　⬆旬の長崎県産のイチゴを丸ごと使った「デザートサンドー長崎いちご」550円

▼ミュージアムショップ　[入館料不要]
アーティスティックな逸品揃い
長崎が誇る磁器・波佐見焼のオリジナル食器、長崎ゆかりのデザイナーや作家が手がけたアイテムなど、魅力的なグッズが多数。ステーショナリーもある。
🕐長崎県美術館に準ずる

⬆"長崎ことはじめ"をモチーフにしたオリジナルのお菓子「BISCUI10」853円

⬆吹き抜けの開放的なロビーにある

⬆パーツを組み立てる「1/100建築模型用添景セット 長崎美術館編」1650円

⬆オリジナルビニール傘1320円。黒、赤、白の3色を用意

長崎ゆかりのミュージアム

数々の歴史の舞台となった街のさまざまな一面を知る

知的好奇心を満たす
美術館・資料館を巡る

海の街の数奇な歴史と薫り高き文化や芸術を展示する、見逃せないミュージアムをご紹介。

↑一部に発掘遺構もある広い敷地を持つ。設計は世界的建築家・故黒川紀章が担当

アート・文化 ● 美術館&博物館

長崎歴史文化博物館
ながさきれきしぶんかはくぶつかん

長崎駅周辺 MAP 付録P.5 D-2

異国への窓口であった長崎 その海外交流史を旅する

近世の海外交流と長崎の暮らしを体系的に紹介するため、2005年に開館。16世紀、南蛮船の来航を契機に始まった海外との交流から幕末・明治までの歴史を、屏風や絵巻、工芸品や生活道具などの貴重な展示品とともにたどれる。

☎095-818-8366　所長崎市立山1-1-1
⏰8:30~17:00（入館は~16:30）
※伝統工芸体験工房・貸工房、資料閲覧室は~18:00　休第3月曜（祝日の場合は翌日）　料600円　交長崎駅前電停／市民会館電停から徒歩10分　Pあり（有料）

↑オリジナル手ぬぐい660円~
↑オリジナルトートバッグ 2037円

↑かつて長崎奉行所があった場所に建ち、一角には立山役所の一部を復元。御白州（おしらす）では、土・日曜と祝日に江戸時代の裁判を再現する寸劇を上演

『南蛮人来朝之図（左隻）』
17世紀初期
貿易によって栄えた近世初期の長崎の様子を伝える絢爛豪華な南蛮屏風。南蛮船の長崎入港や西洋人の風俗などが見てとれる。国認定重要美術品

↑映像コーナーでは迫力の映像で長崎の歴史を紹介

ミュージアムレストラン

老舗洋食店伝統の味に憩う

銀嶺
ぎんれい

昭和5年（1930）創業の長崎で愛された西洋レストランが博物館内に復活。アンティークの調度品に囲まれた店内で、伝統の洋食メニューや香り高いコーヒーを楽しめる。

☎095-818-8406　⏰10:30~18:00（LO17:00）　休第3月曜（祝日の場合は翌日）

↑異国ムードあふれる雰囲気
↑名物のトルコライス 1100円

↑思索空間アンシャンテ。海を眺めながら、静かに文学に浸り、自分と向き合う静寂の空間だ。中では遠藤周作の本が自由に読めるほか、コーヒーも飲める

『沈黙』の舞台に立つ教会

黒崎教会
くろさきょうかい

ド・ロ神父による設計で大正9年（1920）完成。信徒が積み上げたレンガ造りの平屋だ。広い奥行きの内部ではステンドグラスが美しい。

外海 MAP 本書P.3 D-3
☎095-893-8763（長崎巡礼センター）
所長崎市上黒崎町26
時9:00〜17:00 休無休 交JR長崎駅から長崎バス・板の浦行きで57分、黒崎教会前下車、徒歩2分 Pあり

遠藤周作文学館
えんどうしゅうさくぶんがくかん

外海 MAP 本書P.3 D-3

名作『沈黙』の舞台でキリシタンの歴史を想う

昭和の大作家、遠藤周作が17世紀のキリシタン弾圧を描いた傑作小説『沈黙』。その舞台となった外海地区にあり、生原稿や蔵書など約3万点を所蔵。常設展と企画展で紹介している。

☎0959-37-6011 所長崎市東出津町77
時9:00〜17:00（入館は〜16:30）
休12月29日〜1月3日 料360円 交JR長崎駅から長崎バス・板の浦行きで1時間、道の駅（文学館入口）下車、徒歩2分 Pあり

↑遠藤文学とその生涯に関する貴重な資料が集まる

↑文学館から少し離れた出津文化村の一角、かつての潜伏キリシタンの里に「沈黙の碑」が立つ

↑赤いレンガ造りの壁に映えるマリア像が印象的

祈りの丘絵本美術館
いのりのおかえほんびじゅつかん

南山手 MAP 付録P.8 B-2

子どもも大人も夢中になる絵本の芸術世界に遊ぶ

洋風の館が立ち並ぶ南山手にある、夢あふれる美術館。絵本のなかでも、特に絵画にスポットを当てた展示が特徴。1階は子どもの本の店・童話館、2階に国内外の名作絵本の原画を多数展示している。

☎095-828-0716
所長崎市南山手町2-10
時10:00〜17:30（入館は〜17:00）休月曜（祝日の場合は翌日）※展示入れ替え日臨時休あり 料300円
交大浦天主堂電停から徒歩4分 Pなし

↑1階には絵本やポストカードなどを販売するショップも

↑教会堂のような趣の2階では、絵本の原画を展示

↑洋風構造に瓦葺きという19世紀長崎独特の趣を持つ館を再現。南山手のグラバー通りにあり、緑が美しい庭も見事

軍艦島デジタルミュージアム
ぐんかんじまデジタルミュージアム

南山手 MAP 付録P.8 A-2

明治期の産業革命遺産を最先端デジタル技術で体感

世界遺産登録の長崎市の端島（軍艦島）の歴史と全容を最新のデジタル技術で紹介。地上から海底の坑道の中をリアルに表現した「採炭現場への道」や当時の住居の再現など、興味深い展示に圧倒される。

☎095-895-5000
所長崎市松が枝町5-6
時9:00〜17:00
（入館は〜16:30） 休不定休
料1800円 交大浦天主堂電停から徒歩1分 Pなし

↑軍艦島の立入禁止区域を体験できる「軍艦島VR」

↑30分に1回のスペシャル映像「Amazing Hashima」では、軍艦島の誕生や石炭採掘による軍艦島の繁栄と閉山など、産業革命の歴史を最新3D の映像で紹介している

長崎市歴史民俗資料館
ながさきしれきしみんぞくしりょうかん

平和公園周辺 MAP 付録P.9 E-2

和・華・蘭の文化の融合を身近な歴史資料からたどる

中国やヨーロッパの影響を受けながら独自の文化を紡いだ長崎の歴史に関する資料を展示。地元特有の民俗資料を中心に、オランダの出島図やポルトガル船模型など海外の歴史資料などの展示もある。

☎095-847-9245
所長崎市平野町7-8 平和会館内
🕘9:00～17:00（入館は～16:30）休月曜
¥無料 交原爆資料館電停から徒歩3分 Pあり

↑鍬など昔の農機具一式を展示するコーナーも見応えあり

↑民俗資料展示コーナーには昭和期の居間の復元があり、懐かしい

長崎南山手美術館
ながさきみなみやまてびじゅつかん

南山手 MAP 付録P.8 B-2

美しいレンガ造りの建物で美術鑑賞とカフェタイムを

長崎南山手八番館にあり、膨大な所蔵品のなかから厳選した企画展を開催。エキゾチックな文化が生まれた長崎らしい唐絵目利の絵画、書画、陶磁器、工芸品などが豊富だ。館内にはカフェ(P.47)もある。

☎095-870-7192
所長崎市南山手町4-3
🕘10:00～16:00
休毎月1・16日 ¥500円
交大浦天主堂電停から徒歩5分 Pなし

↑グラバー園入口前にある洋館内にあり、眺めも良い

↑江戸期に中国から長崎に伝わった南画などの絵画も多数所蔵している

シーボルト記念館
シーボルトきねんかん

↑鳴滝塾跡(なるたきじゅくあと)のすぐ近く。建物の外観はオランダにあるシーボルト旧宅を模している

長崎市内 MAP 付録P.2 C-1

オランダ商館の医師だったドイツ人シーボルトの生涯

江戸時代、日本に西洋医学を伝えて近代化に貢献したシーボルトの偉業を記念して開館。2階の常設展示室で、シーボルトの生涯と功績がテーマごとに紹介され、1階ホールでは生涯を語る映像を上映。

↑往時の服飾なども展示

☎095-823-0707
所長崎市鳴滝2-7-40
🕘9:00～17:00（入館は～16:30）休月曜
¥100円 交新中川町電停から徒歩7分 Pあり

長崎市野口彌太郎記念美術館
ながさきしのぐちやたろうきねんびじゅつかん

平和公園周辺 MAP 付録P.9 E-2

昭和初期の洋画家の主要作品を展示する

日本におけるフォーヴィスムを確立した日本近代絵画の巨匠、野口彌太郎の油彩や水彩等を340点所蔵。年2回展示替えを行い、随時40作品ほどを紹介。

☎095-843-8209 所長崎市平野町7-8 平和会館1F 🕘9:00～17:00（入館は～16:30）休月曜 ¥100円 交原爆資料館電停から徒歩3分 Pあり

↑平和会館の1階に美術館が入る

↑野口彌太郎の父が長崎出身であったことから縁が生まれ、長崎の風景もよく描いた

GOURMET
Nagasaki

食べる

江戸時代から明治にかけて渡来した中国やオランダなどの文化が、長崎の食文化を独特なものにした。料亭の卓袱料理から、ちゃんぽん、ハトシといったB級グルメまで、庶民にもなじんだ和と華と蘭の世界を味わいたい。

和(わ)・華(か)・蘭(らん)の料理が長崎グルメの真骨頂

↑窓の外には元禄時代に造られた庭園が広がる

堂々たる風格はまさに史跡
卓袱料理の伝統を今に伝える

史跡料亭 花月
しせきりょうてい かげつ

思案橋周辺 MAP 付録P.7 E-4

引田屋として寛永19年(1642)に創業。江戸から明治期にかけて多くの国際人や文人墨客たちがここに通い、数々の歴史舞台ともなった。坂本龍馬の刀傷跡や直筆の書などが残ることでも有名。800坪もの広大な庭園も一見の価値ありだ。

☎ 095-822-0191
所 長崎市丸山町2-1
営 12:00～15:00(LO14:00) 18:00～22:00(LO20:00)
休 不定休(主に火曜)
交 思案橋電停から徒歩5分　P あり

予約　要
予算　L 8000円～
　　　D 1万5000円～
※税サ別

↑お料理をいただいたあとは、史跡としての建物や庭園もじっくりと鑑賞したい

卓袱料理の老舗名料亭
和・華・蘭の饗宴
長崎だけの食卓

円卓を囲んで大皿で供される、見た目にも華やかな長崎の伝統料理。賑やかに楽しくいただきたい。

食べる●長崎ごはん

卓袱料理フルコース1万5000円～(税サ別)

創業約380年の伝統を守り、豪華絢爛なこれぞ卓袱料理と呼ぶにふさわしい原点に忠実な献立を組む。スープの上に網目状の生地をのせて焼く南蛮料理パスティが味わえるのは今ではここだけ。スープには贅沢にすっぽんやフカヒレなどが入っている。写真は料理長おすすめ2万円(税サ別)

卓袱料理(しっぽくりょうり)とは?

日本・中国・オランダの献立や形式が交じり合った宴会料理で、円卓を囲んでいただく。「お鰭」と呼ばれる吸い物が運ばれ、女将の「お鰭をどうぞ」というひと言で食事がスタート。大皿に盛られたコース料理は各自直箸で取り分ける。南蛮料理や中国料理が和風にアレンジされた和華蘭料理。

↑パスタの語源にもなった南蛮料理のパスティ。生地の下はスープ

↑中鉢は皮付豚三枚肉を使用した豚角煮。付け合わせに野菜がのる

卓袱料理 1万2650円
看板料理の東坡煮は、脂を落とした豚バラ肉を長時間かけてじっくり煮込み、さらに一晩寝かせて完成。創業以来注ぎ足し使っているタレの味が染み込んでやみつきになる味わいだ

予約 要
予算 (L) 3740円〜
　　 (D) 8800円〜

和・華・蘭の饗宴 長崎だけの食卓

口の中でとろける食感が最高 甘辛さも絶妙な名物、東坡煮

料亭御宿 坂本屋
りょうていおやどさかもとや

長崎駅周辺 MAP 付録P.4 B-3

東郷青児や山下清なども常連だったという、明治27年(1894)創業の料亭旅館。料理の味には地元でも定評があり、今や長崎名物として定着している東坡煮(豚の角煮)を初めておみやげとして商品化したことでも有名。

☎ 095-826-8211
所 長崎市金屋町2-13
営 11:30〜13:30(LO) 17:30〜19:30(LO)
休 無休 交 五島町電停から徒歩3分 P あり

➕ 宿泊することも可能。宿帳には著名文化人が名を連ねる

維新の志士が集ったといわれる 名料亭でもてなしの妙と粋を堪能

料亭 一力
りょうていいちりき

寺町 MAP 付録P.7 F-1

幕末の頃、坂本龍馬や高杉晋作ら、維新の志士たちが足繁く通ったといわれる長崎最古の料亭。調度品など、店内のいたるところで深い歴史を感じさせる。ランチには、卓袱の代表的な味を三段重に詰めた姫重しっぽくが好評だ。

☎ 095-824-0226
所 長崎市諏訪町8-20
営 11:30〜14:00 17:00〜21:30
休 不定休 交 市民会館電停から徒歩5分
P あり

➕ 文化10年(1813)創業の、歴史とともに歩んできた老舗

➡ 卓袱料理は朱塗りの円卓を囲んでいただく

予約 要
予算 (L) 3300円〜
　　 (D) 1万3200円〜

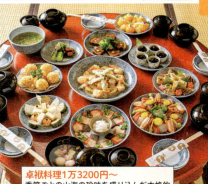

卓袱料理 1万3200円〜
季節ごとの山海の珍味を盛り込んだ本格的な卓袱料理。魚のすり身とエビをパンで挟んだ揚げ物、ハトシなども味わえる

91

こだわりの一皿が誘う
至福の時を演出

美食のテーブル3店

産地、素材、調理法、シチュエーション、ロケーションのひとつひとつにこだわりが。異国情緒の街・長崎での格別な美酒美食。

ロマンティックな長崎港の夜景とサプライズに満ちた至高の鉄板焼

鉄板焼き

鉄板焼ダイニング 竹彩
てっぱんやきダイニング ちくさい

稲佐山 MAP 付録P.3 D-4

近海の魚介に壱岐、伊万里牛など質と鮮度にこだわった極上の鉄板焼を提供する。ソースをムースにしたり、料理に燻製香をまとわせたりと鉄板焼にとどまらない驚きに満ちた調理も楽しく、特別な時間が過ごせるお店。

予約	可
予算	L 3300円〜 / D 8800円〜

☎ 095-864-7733（鉄板焼ダイニング 竹彩直通）
所 長崎市秋月町2-3 ガーデンテラス長崎ホテル＆リゾート内ロイヤルテラス棟3F
営 11:00〜14:00(LO) 17:00〜21:00(LO)
休 無休
交 JR長崎駅から車で10分
P あり
※ホテル情報 ➡ P.154

稲佐山の中腹に立つホテル内にある

大手毬「おおでまり」
2万2000円
竹彩が厳選する食材のなかでも、その日、特に優れた食材を用いるシェフのおまかせコース。九州の旬が思う存分に味わえるスペシャルなメニューだ。2名以上、3日前までに要予約

⊕ 目の前の調理風景を見るのも鉄板焼の醍醐味。シェフの見事な手際が人々を楽しませる

⊕ 食材踊る鉄板焼カウンターの向こうに港のパノラマが広がる。世界新三大夜景に選ばれた長崎の夜景だ

食べる●長崎ごはん

92

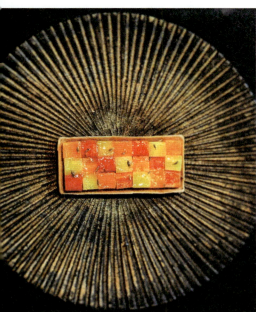
↑食材ひとつひとつを厳選し、旨みを引き出した料理をコースで

予約	要
予算	(L/D)1万5000円〜※税サ・飲み物代別

いつもより少しおしゃれに
特別な気分で味わう料理

`フランス料理`

プルミエ・クリュ

寺町 **MAP** 付録P.7 F-3

席数12。2組限定で入店できる料理店。アンティークの照明や家具を配し、上質な食器を使用。堅苦しさはないけれど、細部までこだわったもてなしで、繊細なフランス料理を供する。

☎ 095-829-1061
所 長崎市鍛冶屋町6-28
営 ランチ12:00、ディナー18:00/19:00/20:00 休 日曜
交 思案橋電停から徒歩3分 Pなし

ディナーコース
1万5000円
（税サ・飲み物代別）
フレンチという枠にとらわれない、素材を重視した料理が最良の形で表現される。

↑見た目にもこだわった美しい一皿。シェフの深田伸治氏の目の行き届いた料理が味わえる

↑特別な時間を楽しんでほしいという思いが店内に表れている

おすすめは店名でもある
豚足のつめ物の赤ワイン煮

`フランス料理`

ビストロ ピエ・ド・ポー

寺町周辺 **MAP** 付録P.7 E-2

東京・青山の名店、ラ・ブランシュを皮切りに、フランスや渋谷で研鑽を積んだ原田勝馬シェフのお店。ビストロという店名どおり気取りはないが、しかし味は一流レストラン級のフランス料理が味わえる。

☎ 095-829-3477
所 長崎市鍛冶屋町4-17
営 12:00〜13:00(LO)
18:00〜20:00(LO)
休 月曜 交 思案橋電停から徒歩5分 Pなし

予約	ランチは可 ディナーは要（当日17:00まで）
予算	(L)1650円〜 (D)4180円〜

ビストロメニュー 4180円
オードブル、メインディッシュがそれぞれ7〜8種類用意されているプリフィクススタイルのコース。写真はオードブルより豚肉のゼリー寄せ ラヴィゴットを添えて

↓シンプルな内装。肩肘張らずに本場フランスの味が楽しめる

↑フレンチの要ともいえるソースにこだわりあり。ディナーのメインディッシュより豚足のつめ物赤ワイン煮 半熟卵とキャベツのヴィネガー煮添え

至福の時を演出 美食のテーブル3店

広々として清潔感のある店内。観光客と地元の客で賑わう(中国料理館 会楽園)

贅沢ちゃんぽん&皿うどん
長崎の中国式ソウルフード6店

食べる ●長崎ごはん

中華料理 四海樓
ちゅうかりょうりしかいろう

南山手 MAP 付録P.8 B-1

ちゃんぽん発祥の店として伝統の味を守り継ぐ

明治32年(1899)創業、ちゃんぽん、皿うどん発祥の店として知られる有名店。丸鶏と豚骨に魚介も加わった濃厚スープは、歴史を感じる深みのある味わい。館内には四海樓の歴史を紹介した「ちゃんぽんミュージアム」もある。

☎ 095-822-1296
所 長崎市松が枝町4-5
営 11:30～15:00 17:00～20:00(LO)
休 不定休 交 大浦天主堂電停からすぐ P なし
♦ ちゃんぽん1100円

予約 個室のみ可
予算 L D 1500円～

中国菜館 江山楼 中華街新館
ちゅうごくさいかん こうざんろう ちゅうかがいしんかん

長崎新地中華街 MAP 付録P.6 C-3

創業者の心を受け継いだ極みの麺とスープを味わう

長崎中華街の歴史とともにある江山楼。ていねいな仕事にこだわり、すべてに基本どおりの調理法で作られたちゃんぽんは、何度食べても飽きのこない味だ。時代とともに食材は変わっても本来の味を守る調理法に納得。

☎ 095-820-3735
所 長崎市新地町13-13
営 11:30(土・日曜、祝日11:00)～20:30(受付は～19:30)
休 水曜(祝日の場合は変更あり)、年末年始
交 新地中華街電停から徒歩3分 P なし

♦ 真心をこめてつくる長崎名物のちゃんぽん。秘伝のスープと歯ごたえを大事にした野菜が見事にマッチした、まろやかなスープの特上ちゃんぽん1980円

予約 不可

中国料理館 会楽園
ちゅうごくりょうりかん かいらくえん

長崎新地中華街 MAP 付録P.6 C-3

創業から変わらぬ味 具材から出る旨みは絶品

昭和2年(1927)に福建省出身の先代が開いた中国料理店。長崎新地中華街の入口に位置し、建物は中国伝統建築の熟練工の手によるもの。こだわりはなんといってもちゃんぽん。中国と長崎の歴史が育てた中国料理を楽しみたい。

☎ 095-822-4261
所 長崎市新地町10-16
営 11:00～14:45(LO)
17:00～19:50(LO)
休 不定休
交 新地中華街電停から徒歩3分 P なし

予約 不可(コースは要)
予算 L 935円～ D 5060円～(コース)

♦ 贅沢な具材の旨みがしっかりとスープににじみ出てうまさ太鼓判。特製ちゃんぽん1320円

収容人数270人という6階建ての大型店舗。ちゃんぽん、皿うどんのほか、本格的な中国料理も提供（中国菜館 慶華園）

中国からの留学生のために安くて栄養満点の食事を提供しようと考案されたのがちゃんぽんの始まり。もともとは庶民のためのメニューだが、具に高級食材を使ったり、麺にひと工夫するなど、個性を発揮したグルメちゃんぽん&皿うどんも見逃せない。

長崎の中国式ソウルフード6店

台湾料理 老李 新地中華街本店
たいわんりょうり らおりー しんちちゅうかがいほんてん

長崎新地中華街 MAP 付録P.6 C-3

台湾料理と長崎の味のコラボ 珍味でいただく一杯

長崎では珍しい台湾料理の店。台湾の味を伝えるため、オーナーの故郷・台湾からの料理人を絶えず確保。長崎の食材と台湾の食材がコラボした料理は地元の人にも人気。長崎の高級珍味「生からすみ」が入ったちゃんぽんは絶品。

☎095-820-3717
⌂長崎市新地町12-7 ⏰11:30～15:00(LO14:30) 17:00～22:00(LO21:30) ⛔無休 🚃新地中華街電停から徒歩3分 🅿なし

💡甘口仕上げの皿うどん800円〜。長崎のソースをかけると二度おいしい

予約 可／ランタンフェスティバル期間中は要問い合わせ
予算 (L)800円〜 (D)2000円〜

中国菜館 慶華園
ちゅうごくさいかん けいかえん

寺町周辺 MAP 付録P.5 E-3

細麺、中麺、太麺から選べる 具材たっぷりの皿うどん

創業以来70年以上、日々研究を重ねている鶏ガラスープをベースにしたあんに、大ぶりの海鮮や手作り肉団子などが贅沢に入った皿うどんがいただける。細麺、太麺のほか、特製スープにくぐらせた太めの揚げ麺・中麺も選択可。麺に染み込んだスープの味わいと香ばしさが堪能できる。

☎095-824-7123
⌂長崎市麹屋町4-7 ⏰11:00～14:30(LO14:00) 17:00～20:30(LO20:00) ⛔不定休 🚃市民会館電停から徒歩5分 🅿あり

💡大ぶりの具材たっぷりで食べ応えあり。特製皿うどん1375円

予約 可
予算 (L)(D)900円〜

天天有
てんてんゆう

思案橋 MAP 付録P.7 E-3

長崎市民に長年愛される味 コクのあるスープは絶品

戦後すぐ、中国福建省から来た先代が開店。被爆直後、焼け野原となった長崎で庶民の中国料理として親しまれてきた。濃厚なスープにカキ、エビなど新鮮な魚介の旨みが詰まったちゃんぽんは、地元の人にはおふくろの味だ。

☎095-821-1911
⌂長崎市本石灰町2-14 ⏰11:00～15:00(LO14:30) 17:00～22:30(LO22:00) ⛔水曜 🚃思案橋電停から徒歩2分 🅿なし

💡守り続けた初代から変わらぬ味を味わい、歴史を感じながらいただきたい。特製皿うどん1200円

予約 不可
予算 (L)750円〜

夕月カレーセット 730円
ドリンク・サラダ付き。エビフライなどトッピングも可(有料)

長崎で愛されて約70年
赤い三日月カレー
カレーの店 夕月
カレーのみせ ゆうづき

思案橋周辺 MAP 付録P.7 D-2

昭和の時代から長崎の人に愛されている夕月カレーは、長崎の人には懐かしく、初めて食べる人にとってはとても新鮮。三日月形に注いだ野菜とスパイスを溶け込んだ赤いルーは、辛みを抑えたまろやかな味わいでハマる人多し。

☎ 095-827-2808
所 長崎市万屋町5-4
営 11:00〜20:00(LO19:30)
休 不定休
交 観光通電停から徒歩2分
P なし

↑長崎の繁華街、浜町のベルナード観光通りにあるお店

予約 可
予算 L D 730円〜

長崎ならではの有名店・人気店
郷土の定番食 4 店

古くから守られてきた各店独自の名物メニューは、地元の常連が認めるホンモノだ。

食べる●長崎ごはん

最上級ランクの長崎和牛は
赤身の旨み、白身の甘みが絶妙
ステーキハウスおかの

思案橋周辺 MAP 付録P.7 E-3

創業50年を超えるステーキ店。どの席も目の前に鉄板をしつらえていて、厳選した最上級クラスの長崎和牛を、料理人によるライブ感たっぷりのパフォーマンスとともに楽しむことができる。昼夜ともコースが中心で、予約がベター。

☎ 095-824-3048
所 長崎市本石灰町6-8
営 12:00〜14:30(LO14:00) 17:00〜22:30(LO21:30)
休 月曜
交 思案橋電停から徒歩1分 P なし

予約 可
予算
L 2750円〜
D 7700円〜

↑昔、花街があった丸山の近く、思案橋電停すぐの場所にある老舗のステーキ専門店

↑客席は1階に10席のカウンター席、3階にテーブル席、4階に半個室のテーブル席を設ける

↑長崎和牛は「第10回全国和牛能力共進会」の肉牛部門で日本一に輝いた銘柄牛

味彩コース 7700円
夜のコースの一部。ヒレorサーロインのステーキに、季節のスープ、サラダ、焼き野菜、ご飯、味噌汁、デザートが付く

九州最古の喫茶店
極上トルコライスの数々
ツル茶ん
ツルちゃん

思案橋周辺 **MAP** 付録P.7 E-2

大正14年(1925)創業、九州最古の喫茶店。歴史ある店の看板メニューは、初代が考案した長崎風ミルクセーキと、11種類のバリエーションが食欲をそそるトルコライス。名だたる有名人を満足させた至福の一皿をぜひ。

☎095-824-2679
所 長崎市油屋町2-47
営 10:00(土・日曜、祝日9:00)〜21:00(LO)
休 無休 交 思案橋電停から徒歩1分 P なし

↑「昔なつかしトルコライス」1380円。ポークカツとカレーソースがおいしい、スタンダードな味

→2階フロア。蓄音機や古い写真などが飾られたレトロな雰囲気

ランタントルコ 1380円
豪華な有頭エビのフライにピリ辛のクリームソースがかかった、見た目も美味なトルコライス

予約 可
予算 L D 1000円〜

誰もが知っている超有名店
茶碗むしと蒸し寿司の夫婦むし
吉宗 本店
よっそう ほんてん

思案橋周辺 **MAP** 付録P.7 D-2

慶応2年(1866)に茶碗むし、蒸し寿司専門店として開業。豊かな山海の幸を生かした家庭の味が創業以来のモットーだ。名物の茶碗むしは、穴子やエビ、たけのこ、キクラゲなど具だくさんで食べ応えも十分。蒸し寿司とともに。

☎095-821-0001
所 長崎市浜の町8-9
営 11:00〜21:00(LO20:00)
休 火曜 交 観光通電停から徒歩3分 P なし

予約 可
予算 L D 1400円〜

↑建築当時の昭和初期の面影がいたるところに感じられる。老舗だが庶民的な雰囲気

吉宗定食 2420円
彩りも鮮やか。定食では卓袱料理の豚の角煮も味わえる

茶碗むし 770円
10種類の具が入ったアツアツ、プルプルのジャンボ茶碗むし

テイクアウトで楽しむ長崎名物
長崎県産豚肉の肉汁があふれる
あつあつのソウルフード
長崎ぶたまん桃太呂 浜町店
ながさきぶたまんももたろ はまのまちてん

長崎で絶大な人気を誇る豚まん専門店。100%長崎産の豚肉は食感、肉汁が楽しめるようすべて職人による手切りのブツ切りで、1cm角の玉ネギとともに旨み、甘みが口中に広がる。

思案橋周辺 **MAP** 付録P.7 E-3

☎095-823-7542
所 長崎市浜町10-19
営 10:00〜23:00(売り切れ次第閉店)
休 無休 交 思案橋電停から徒歩3分 P なし

↑蒸したては1個80円で、冷蔵は10個800円(送料別途)。甘みのある皮も美味。酢醤油で食べるのが長崎流

→浜市アーケード近く、電車通り沿いにある

郷土の定番食4店

CAFE & SWEETS カフェ＆スイーツ

古い街にはアンティークが似合う
ノスタルジーカフェ

歴史を感じさせる落ち着いた内装、ていねいにドリップしたコーヒーの香り。どこか懐かしい和やかな雰囲気に浸る。

長崎ゆかりの骨董品などがさりげなく置かれた店内は、ゆったりくつろげる落ち着いた雰囲気

時を刻む振り子時計の音とジャズが静かに流れる店内　レアチーズケーキと珈琲のセット780円も人気

時を忘れてくつろげる、45年続く大人のカフェ

アンティーク喫茶&食事 銅八銭
アンティークきっさ&しょくじ どうはっせん

長崎駅周辺 MAP 付録P.4 C-2

桜町電停から少し坂を上った裏通りにある老舗のカフェ。アンティークな家具や骨董品を眺めながら、こだわりのコーヒーや愛情たっぷりの手作り料理がいただける。カウンターに座ると、気さくな店主との会話も楽しめそう。

☎ 095-827-3971
⌂ 長崎市上町6-7
⏰ 10:30～23:00 (LO22:00)
休 第1・3・5土曜
交 桜町電停から徒歩2分
P なし

↑ミルクセーキ690円。切子のグラスに高く盛られた長崎名物の食べるミルクセーキは、卵と練乳たっぷりの極上デザート

↑トルコライス1350円。カレーピラフ、塩・胡椒味のパスタ、トンカツ、それにカレーソースがたっぷり

長崎の異国情緒をオリジナルコーヒーとともに味わう

南蛮茶屋
なんばんぢゃや

眼鏡橋周辺 MAP 付録P.7 E-1

東古川町の風情ある街並みに似合うレトロなカフェ。築170年の町家をリノベーションした店内にはアンティークの装飾品が並ぶ。長崎に伝来した当時のコーヒーの味を追求した「南蛮茶」は、深いコクとすっきりした苦みが特徴。

☎ 095-823-9084
⌂ 長崎市東古川町1-1
⏰ 14:00～22:00　休 無休　交 めがね橋電停から徒歩3分　P なし

↑英国製ビスケットと珈琲のセット830円。40年ほど前の創業当時からファンが多い、赤いセロファンに包まれたいちじくジャムの英国製ビスケット。南蛮茶との相性も抜群

↑一歩店内に足を踏み入れると、時の流れが止まったような独特な空間が広がる

食べる ● カフェ＆スイーツ

老舗喫茶店の絶品ふんわりサンドイッチ

珈琲冨士男
こーひーふじお

寺町周辺 **MAP** 付録P.7 E-2

☎ 095-822-1625
所 長崎市鍛冶屋町2-12
営 9:00～18:00
休 木曜
交 思案橋電停から徒歩5分
P なし

創業から約75年、変わらない味を守り続ける喫茶店。コーヒーはオールアラビカ種の豆を使用し、ていねいに焙煎したネルドリップ。焼きたての食パンを使用したサンドイッチはふわっとやわらかで、一度食べると忘れられないやさしい味わい。

↑ サンドイッチセット860円。注文を受けてから焼く温かい玉子焼が入ったエッグサンドは、一口ほおばるとその食感に驚くはず。テイクアウト可

↑ レトロな雰囲気が心地よい。現在2代目のマスターが創業当時の味を守っている

地の利を生かした英国の薫りがするカフェ

EIGHT FLAG
エイトフラッグ

東山手 **MAP** 付録P.8 C-1

☎ 095-827-8222
所 長崎市大浦町5-45
営 14:00～18:00 休 月曜
交 大浦海岸通電停から徒歩2分 P なし

紅茶とワッフルの専門店は長崎市ではここだけ。グラバー商会の跡地21番地の西側の一角に位置し、150年以上前この地で茶の製造・梱包が行われていた。当時と同じように「茶」に関わる仕事をしたいという店主の思いがこもったカフェ。

↑ もとは船会社。店内は英国のインテリアで落ち着いた雰囲気

↑ 素材にもこだわり、創業当時から同じ値段で提供されているチョコレートワッフル。紅茶の種類は15種類。その日の気分で味と香りを楽しんで

長崎県民御用達のシースクリーム

梅月堂本店
ばいげつどうほんてん

思案橋周辺 **MAP** 付録P.7 D-2

明治27年(1894)創業の老舗の菓子舗。今や長崎名物となったケーキ、シースクリームの本家本元がここだ。昭和30年代初頭に売り出され、県内で初めて生クリームを使ったケーキとして話題となった。

☎ 095-825-3228
所 長崎市浜町7-3
営 10:00～20:00 休 無休
交 観光通電停から徒歩1分
P なし

↑ アーケードを入ってすぐ

↑ 昔なつかしセット638円。カステラ風のスポンジでコクのあるカスタードクリームをサンドしたシースクリーム。玄米茶とともに

↑ 1階が売店で2階がカフェ。シックで落ち着ける空間

ノスタルジーカフェ

貿易港・長崎から始まった砂糖の文化を感じながら

スイーツ自慢のカフェ

江戸時代、海外の菓子や砂糖は
出島から長崎街道を通って遠く江戸へ。
砂糖のルーツ・長崎で出会う、甘くておいしいお菓子たち。

こだわりの材料で作った
名物食べるミルクセーキ

和風喫茶 志らみず
わふうきっさ しらみず

思案橋 MAP 付録P.7 E-3

明治20年(1887)創業の老舗和菓子屋の中にあり、白玉などの和菓子とコーヒーのセットが人気。長崎でぜひいただきたいのがミルクセーキ。卵をふんだんに使い、創業当時から伝わる秘伝の蜜を使用した品のある一品。

☎095-826-0145
所 長崎市油屋町1-3
営 11:00〜17:00 休 不定休
交 思案橋電停から徒歩2分 P なし

1.名誉総裁賞を受賞した桃かすてらを店内でいかが 2.老舗の和菓子屋「白水堂」の中にある和風喫茶 3.和菓子屋ならではの、材料にこだわった一品

フードメニューも充実の
おしゃれなカフェ＆バー

Nex Yank
ネクス ヤンク

思案橋周辺 MAP 付録P.7 D-2

ニューヨークのカフェバーをイメージして造ったというおしゃれな店。ハンバーガーやスイーツのほか、五島うどんのパスタ、ピザなど豊富なメニューも魅力。時間帯でお得なドリンクサービスがあるのもうれしい。

☎095-829-2737
所 長崎市万屋町1-21 林田ビル1F
営 16:00〜翌2:00 (金・土曜、祝前日は〜翌3:00) 休 無休 交 観光通電停から徒歩2分 P なし

1.チョコバナナパンケーキ990円 2.カクテルメニューは100種類以上 3.アメリカンテイストでまとめられた店内 4.店の奥には雑貨とファッションの店がある

駅ビルのオアシス
上品で落ち着けるカフェ
Cafe & Bar ウミノ
カフェ＆バーウミノ

長崎駅周辺 MAP 付録P.4 A-2

昭和30年（1955）に長崎初のトリス・バーとして創業した喫茶ウミノの味を今に伝える。サイフォンを使ってていねいに淹れた味わい深いコーヒーはもちろん、創業当時の製法で手作りされるフルーツサンドを求めて通う常連客も少なくない。

☎ 095-829-4607
所 長崎市尾上町1-1アミュプラザ長崎5F
営 11:00～22:00
休 無休　交 JR長崎駅からすぐ
P アミュプラザ提携駐車場800台(有料)

1. 駅に近いので食事や買い物途中に気軽に立ち寄れる　2. ゆったりくつろげる落ち着いた店内　3. フルーツと生クリームがたっぷりのフルーツサンド850円

フランス人マダムが作る
ときめきの絶品スイーツ
リトル・エンジェルズ

長崎市内 MAP 本書P.3 E-4

フランス人マダムが実家で代々受け継がれてきたレシピをベースに作る何種類ものケーキやクッキーは、誰もが笑顔になるおいしさ。人気No.1は、濃厚で繊細な味わいのチーズケーキ。

☎ 095-832-0055
所 長崎市矢上町33-1
営 10:30～19:00　休 無休
交 JR長崎駅から車で30分　P あり

1. 生クリームたっぷりのフレッシュタルトも人気　2. 夏限定のタルトシィトロン450円　3. フレッシュチーズたっぷりのベイクドチーズケーキ「フロマージュ」250円

スイーツ自慢のカフェ

和洋の文化が混ざった
ロマンあふれる空気感
長崎カフェ 一花五葉
ながさきカフェ いちかごよう

眼鏡橋周辺 MAP 付録P.7 E-1

素材ひとつひとつにこだわった手作りスイーツが、心を込めてていねいに淹れたお茶やコーヒーとともに楽しめる。オリジナルのお焼き風スイーツ・ごよう餅は外はカリッ、中はもちっとした食感。焼きたてをお箸でいただく。

☎ 095-824-8815
所 長崎市東古川町1-5
営 11:45～17:00(LO16:30)
休 月・火曜
交 めがね橋電停から徒歩3分　P なし

1. ごよう餅焼きりんごとアイスクリーム添え864円。ごよう餅は1個200円でテイクアウトできる　2. アジサイのステンドグラスが印象的なカウンター席　3. 抹茶パフェ880円

NIGHT SPOTS
ナイトスポット

おいしいのに安い、というサプライズ

長崎の魚はすこぶる旨い
だから旨いお酒と相性がいい

海に囲まれ、豊かな漁場に恵まれた長崎は、新鮮な海の幸の宝庫。厳選素材を確かな技で提供してくれる店で、地魚の旨みを堪能したい。

大衆割烹 安楽子
たいしゅうかっぽう あらこ

思案橋周辺 MAP 付録P.7 D-2

**安くて楽しいがモットー
新鮮な長崎の魚とお酒**

店名のとおり、値段も安く、お客さんが楽しめる場所を提供。その日に水揚げされた新鮮な魚介がカウンターに並ぶ。刺身の種類も豊富で揚げ物、焼き物と揃っている。お酒の種類も豊富だ。地元の人に長年愛されてきた店。

☎ 095-824-4970
所 長崎市浜町7-20
営 16:30〜22:00
休 日曜、祝日 交 観光通電停から徒歩2分
P なし

↑その日に水揚げされた魚介は、新鮮そのもの。安楽子自慢の日本酒でどうぞ

↑長崎の海で揚がったばかりの新鮮な魚が味わえる

↑常連さんとも仲良くなれる家庭的なところが魅力

予約 望ましい
予算 D 3000円〜

御飯
ごはん

思案橋 MAP 付録P.7 F-3

**長崎の魚介ならここ!
旬の素材に大満足**

昼夜ともに決まった品書きはなく、夜はコース料理専門の店。各コースともに長崎の旬の魚介が楽しめる。名物「御飯の鯛めし」は、どのコースにも必ず付いてくる人気の一品。料理は化学調味料を一切使わず、水も井戸水を使用する店主のこだわり。

☎ 095-825-3600
所 長崎市油屋町2-32
営 12:00〜14:00 18:00〜24:00(LO21:00)
祝日17:00〜22:00 休 日曜、月末の月曜
交 崇福寺電停から徒歩2分 P なし

↑日本酒の種類は29種。好みで選びたい

↑昭和を感じさせる趣ある外観

予約 可(Web予約も可)
予算 L 3240円〜
D 5400円〜

↑創業からの定番人気メニュー、土鍋で炊く「御飯の鯛めし」が幸せを運ぶ

⬆長崎角煮のとろ～リチーズパイ850円

長崎DINING 多ら福 亜紗
ながさきダイニング たらふく あさ

思案橋周辺　MAP 付録P.7 E-2

活気あふれる人気店
魚介と創作料理が自慢

元気いっぱいなスタッフが威勢よく出迎えてくれる繁盛店。長崎産を中心に、旬の素材を使った創作料理が楽しめる。特にピカイチな鮮度を誇る魚は格別のおいしさ。名物の鯨料理（880円〜）のほか、エビマヨや出し巻玉子などの定番も人気。

予約	可
予算	Ⓓ 3000円〜

☎095-832-8678
㊐長崎市油屋町2-6
⏰17:00～24:00(LO23:00)
金・土曜、祝日の前日17:00～翌1:00(LO24:00)
㊡不定休　思案橋電停から徒歩3分　Ⓟなし

⬆スタッフの元気な声が飛び交う、活気ある雰囲気も人気の秘密

⬆8～10種類が楽しめる刺盛り（写真は1人前2500円〜）は、とびきりの鮮度が自慢。産地ならではの味をどうぞ

鮮肴炭焼 炙
せんこうすみやき あぶり

寺町周辺　MAP 付録P.7 E-2

選び抜いた素材を生かした
シンプルかつ奥深い料理

素材へのこだわりと、シンプルでありながら洗練された「炙流」の料理でもてなしてくれる。焼き物全般はすべて炭火焼きというのもうれしい限り。ほとんどの客が注文するという「刺盛」も必食。最上級のごちそう体験を満喫できる。

☎095-818-9888
㊐長崎市万屋町6-24　⏰18:00～24:00
㊡不定休　思案橋電停から徒歩3分
Ⓟなし

⬆焼き上げる前のひと手間が、素材の旨みを最大限に引き出す

⬆こだわりの料理に合わせた焼酎も豊富に揃える

予約	望ましい
予算	Ⓓ 4320円〜

⬆確かな技が厳選した食材の持ち味に生きる海鮮料理

バラモン食堂
バラモンしょくどう

寺町周辺　MAP 付録P.7 E-2

五島の素材を「旬」に味わう
こだわりの調理で召し上がれ

長崎の旬の魚（五島列島近海など）や肉（五島牛・豚・地鶏）、天草の車エビなど「島のうまかもん」を産地直送で取り寄せ、刺身で、焼いて、揚げて。こだわりの調理法で提供。昼は定食、夜は居酒屋で営業。

☎095-895-8218
㊐長崎市万屋町6-29　⏰11:00～15:30
(LO15:00) 17:00～22:00(LO21:30) 金・土曜は～23:00(LO22:30)　㊡月曜、第3火曜
思案橋電停から徒歩3分　Ⓟなし

⬆空間づくりにこだわった落ち着いた雰囲気の店

⬆上質な肉質が自慢。五島の地鶏は低脂肪、高タンパク

予約	望ましい
予算	Ⓛ 1000円〜 Ⓓ 3000円〜

⬆五島沖で獲れた新鮮なきびなごを一夜干しにして天ぷらに

長崎の魚はすこぶる旨い　だから旨いお酒と相性がいい

103

↑塩さば、高菜、いわのりの具が人気のトップ3。赤だしをはじめ、なめこ汁、お茶漬けも人気

カウンターで食べる
地元で人気の素朴なおにぎり
おにぎり専門店 かにや
おにぎりせんもんてん かにや

思案橋周辺 **MAP** 付録P.7 D-3

昭和40年(1965)から変わらぬ味を守り続けるおにぎり専門店。こだわりの米は、新潟県産のコシヒカリを使用。塩は、ほんのりとした甘さを感じる「伯方の塩」、海苔は有明最高級のもの。具材は29種類で、どれも自家製。

↑カウンターで食べるのがおすすめ。お寿司気分でおにぎりはいかが

予約	不可
予算	Ⓓ700円〜

☎095-823-4232
所 長崎市銅座町10-2　営 18:00〜翌3:00
休 日曜(祝日の場合は翌日)
交 観光通電停から徒歩2分　Ｐ なし

長崎の夜はまだまだ終わらない!
宵も楽しい長崎

ちょっと小腹がすいたときに思い出したいのがこの店。飲んだあとの締めの一軒に!

長崎の隠れた名物・一口餃子
ビールとの相性抜群
雲龍亭 本店
うんりゅうてい ほんてん

思案橋 **MAP** 付録P.7 E-3

☎095-823-5971
所 長崎市本石灰町2-15
営 17:00〜23:00　休 日曜
交 思案橋電停から徒歩2分
Ｐ なし

↑思案橋横丁から入ってすぐにある。赤い暖簾が目印

昭和30年(1955)の創業。長崎の隠れた名物「一口餃子」が評判の店。具材はキャベツを使わず、玉ネギ、豚肉、ニラ、にんにくとシンプル。ジューシーで、ビールとの相性も抜群。女性でも2人前は軽く食べられる。

↑おじや700円。炊きたてのご飯をおかゆにし、いったん寝かせて再びだしで炊き上げる、手間ひまかけた一杯

予約	可
予算	Ⓓ700円〜

やさしい旨みが胃に染みる
ほっこり温かい名物おじや
一二三亭
ひふみてい

眼鏡橋周辺 **MAP** 付録P.7 E-1

丸山で料亭を営んでいたときから創業130年を超える店。卓袱料理の定番料理、角煮や牛かんなどを単品で注文できる。名物は削りたてのカツオ節と昆布のだしが風豊かなおじや。米一粒ずつを卵でコーティングしたおじやは、とろとろの食感で飲んだあとの胃にやさしい。

↑船をモチーフにしたアンティークな雰囲気の店内。奥には舵を用いたテーブル席がある

☎095-825-0831
所 長崎市古川町3-2
営 17:30〜23:00(LO)
休 水曜　交 めがね橋電停から徒歩2分　Ｐ なし

予約	不可
予算	Ⓓ1000円〜

↑一口餃子はあっさりとしているのにジューシーな味わい。シンプルなニラトジも一緒に

SHOPPING
Nagasaki

買う

東洋と西洋が出合い、生まれた趣深い逸品

べっ甲、ビードロ、凧(はた)。
長崎の伝統工芸品は東洋と西洋が
入り交じった独特の味わいが魅力的だ。
伝統の波佐見(はさみ)焼は、
現代に寄り添ってどんどん進化する。
変化することに躊躇しないところに
長崎らしさが感じられる。

A **長崎チロリセット**
4万6310円
江戸期に長崎で作られた冷酒用急須「チロリ」を復元。盃とセットで

A **一輪挿し**
各3520円
「しずく」と名前のついた高さ15cmほどの一輪挿し。光が当たると美しさを増す

伝統の工芸品
Tradition

歴史に培われたモダンで品格ある伝統工芸品や郷土民芸品が今現在も伝承されている。

B **かんざし**
2万3000円
梅を模したかんざし。艶やかな黒甲と飴色の白甲の対比が美しい

B **少女ブローチ**
2万4000円
犬ブローチ
7000円
セットで身につけたい散歩を楽しむ少女と犬

「異国」の影響は今もなお
技が生きる
長崎雑貨

鎖国時代に海外から優れた工芸技術を学び、継承してきた長崎。当時の文化や風俗が表れた雑貨に異国文化を垣間見る。

B **ピアス**
8000円
キリシタン文化が息づく長崎らしい、十字架をかたどったピアス

↑べっ甲細工は貴重な亀の甲羅を材料に幾工程もの手作業で仕上げる（観海べっ甲店）

B **椿ブローチ**
4万5000円
長崎のキリシタンにとって霊樹とされる椿をモチーフにしたブローチ

C **凧のストラップ**
各650円
手作りのストラップ。約2㎝の布製で種類もさまざま

C **凧**
1枚800円〜
伝統柄からアレンジしたものまでデザインは幅広く、サイズも豊富

買う●長崎みやげ

A シンプルな伝統柄が彩る長崎らしいアイテムがずらり ~~→~~
A 長崎を代表する手作りガラス専門店

瑠璃庵
るりあん
南山手 MAP 付録P.8 A-2

手作りの温かさが伝わる美しいガラス製品の数々を展示販売。吹きガラスやガラスペンダント、万華鏡などの制作体験（要予約・有料）も可能。

☎095-827-0737
所 長崎市松が枝町5-11
営 9:00〜18:00
休 火曜
交 大浦天主堂電停から徒歩3分
P あり

B 匠の手仕事により生まれた本物のべっ甲細工

観海べっ甲店
かんかいべっこうてん
東山手 MAP 付録P.8 C-1

主の観海さんはこの道60年超、デザインから加工まで一貫して手がける、今では数少ないべっ甲細工の匠。この店では天然素材を使った本物のみを扱う。

☎095-825-2728
所 長崎市大浦町5-47
営 9:00〜17:00
休 不定休
交 大浦海岸通電停から徒歩3分
P なし

C シンプルな伝統柄が彩る長崎らしいアイテムがずらり

大守屋
おおもりや
眼鏡橋周辺 MAP 付録P.7 E-1

凧（ハタ）の専門店。さまざまな大きさの凧はもちろん、国旗や船の信号旗がもとになったといわれるシンプルな伝統柄を生かしたストラップなども扱う。

☎095-824-2618
所 長崎市古川町4-2
営 10:00〜20:00
休 不定休
交 めがね橋電停からすぐ
P なし

長崎モチーフ
Motif

歴史や風景などを鮮やかな色使いで表現した、かわいらしいおみやげは選ぶのも楽しい。

D ボートポーチ(M) 各1540円
カステラや椿など、長崎名物をデザインに取り入れた「MINATOMACHI FACTORY」のポーチ

E たてま手ぬ 各1200円
看板商品の手ぬぐい。全53種類。コンプラ・ビードロ・ギヤマン(上)、夏夜の教会群(中)、眼鏡橋で逢いましょう(下)

D 長崎フェイスマスク 各440円
長崎の有名な温泉地、島原、小浜、雲仙の温泉水を使ったフェイスマスクで美肌に

D 波佐見焼のそば猪口 各880円
白地に染付けが施された「natural69」の人気シリーズ。ほかに、飯碗、平皿、豆皿などが揃う

⬆ 目移りしてしまうほど色柄豊富。プレゼントにはもちろん自分用にも（長崎雑貨 たてまつる）

C 手ぬぐい 1350円
尾曲がり猫やビードロなど、長崎らしい素材がモチーフ

E 花と風 箸置き 各1200円
長崎歴史文化博物館(P.86)に工房がある「陶彩花と風」の箸置き。長崎の風景がぎゅっと小さくかわいい箸置きに

F Arte.M エストレージャ(中) 9350円
Arte.Mの代表作の星形オーナメント。長崎の教会などで見られるステンドグラスを現代アートに

F 花と風 プレート 3850円
花と風 スープカップ 2970円
オールハンドメイドの陶器。すべて長崎由来のモチーフをデザインしている

技が生きる長崎雑貨

D センスが良くて気が利いたすてきな長崎みやげを厳選
いろはや出島本店
いろはやでじまほんてん
出島・ベイエリア **MAP** 付録P.6 C-3

デザイン性、テーマ性を持った長崎、九州各地の銘品が並ぶみやげのセレクトショップ。カステラ、五島産塩などの食品のほか、雑貨を多数品揃え。

☎ 090-3071-1688
所 長崎市出島町15-7 NK出島スクウェアビル1F
営 11:00〜18:00
休 火曜
交 新地中華街電停から徒歩1分
P なし

E 思わず何枚も欲しくなる風物詩を染め抜いた手ぬぐい
長崎雑貨 たてまつる
ながさきざっか たてまつる
出島・ベイエリア周辺 **MAP** 付録P.6 C-2

店内には長崎にまつわる雑貨がいっぱい。街の風景、建物、祭り、歴史上の人物などを描いた手ぬぐいや、眼鏡橋などの箸置きが特に人気。

☎ 095-827-2688
所 長崎市江戸町2-19
営 10:00〜18:30
休 火曜
交 大波止電停から徒歩5分
P なし

F 地元作家とコラボしたかわいい雑貨がズラリ
URBAN RESEARCH アミュプラザ長崎店
アーバンリサーチ アミュプラザながさきてん
長崎駅周辺 **MAP** 付録P.4 A-2

「DESIGN YOUR LIFE STYLE」がテーマの、おしゃれなセレクトショップ。長崎らしさにこだわった、地元作家とのコラボ作品も充実している。

☎ 095-808-1115
所 長崎市尾上町1-1 アミュプラザ長崎1F
営 10:00〜21:00
休 無休
交 JR長崎駅から徒歩1分
P あり(有料、1店舗2000円以上の買い物で90分無料)

カステラ&桃かすてら

老舗の逸品から、かわいい手みやげまで

全工程手作りにこだわる

カステラ
手作りの熟練の技を召し上がれ。
0.6号1188円～
※写真はカステラ1号1890円

特製五三焼カステラ
材料にこだわり、量産できない家伝の製法が今に生きる。1本2916円～

伝統と情熱を込めた一本

冷花の雫 涼峯（れいかのしずく りょうほう）
レモンの皮の砂糖漬けを取り入れた季節のカステラは、4月末から8月にかけて販売。5切れ入り1458円

五三焼カステラ
卵黄を増やした分、卵白を減らし砂糖を増量した、濃厚で贅を尽くした一品。半棹（5切れ入り）1458円、一棹（10切れ入り）2916円

特製五三焼かすてら 木箱入り
風味の濃いさくら卵を使用。小290g 1458円、大580g 2916円

香ばしさと食感&口どけ

かすてら饅頭
栗の食感と黄身餡の味わいが絶妙。しっとりした洋風饅頭。10個入り1300円、15個入り1920円、20個入り2545円

福砂屋 長崎本店
ふくさや ながさきほんてん
思案橋周辺 MAP 付録P.7 E-3

創業寛永元年（1624）の老舗。卵の手割りから混合、撹拌、焼き上げまでのすべての工程を、一人の職人がつきっきりで仕上げる「一人一貫主義」。手作りで焼き上げたカステラは、しっとりふっくらとした本物の味わい。

☎095-821-2938　所 長崎市船大工町3-1
営 9:00～18:00　休 無休
交 思案橋電停から徒歩3分　P あり

➡ 現在の店舗は明治初期に建てられ、観光スポットにもなっている

松翁軒 本店
しょうおうけん ほんてん
眼鏡橋周辺 MAP 付録P.5 D-3

もっちりした食感に焼き上がる小麦粉、島原産の契約農家から毎朝直送される卵、一級品のザラメなどの厳選材料と、江戸時代から受け継ぐ伝統から生み出されるカステラを味わえる。

☎095-822-0410
所 長崎市魚の町3-19
営 9:00～19:30
休 無休　交 市民会館電停から徒歩1分
P あり

➡ 1階は販売スペース。2階のセヴィリヤでは喫茶を楽しむことも。美しい調度品も展示

異人堂 めがね橋店
いじんどう めがねばしてん
眼鏡橋周辺 MAP 付録P.7 E-1

職人が固定窯の前から片時も離れず、手間と時間をかけて焼き上げるカステラは、しっとり、もっちりした食感。みずみずしい長崎びわが入ったゼリーなど商品展開もバラエティに富む。

☎095-821-3320　所 長崎市栄町6-15
営 9:00～18:00　休 1月1日
交 めがね橋電停から徒歩3分　P あり

➡ 観光客で賑わう眼鏡橋のそばにある販売店

買う●長崎みやげ

江戸時代にポルトガル人から伝えられたといわれるカステラ。
昔から変わらぬ製法で作られている
伝統のカステラは、長崎みやげとして外せない。

長崎の桃かすてら

郷土菓子カステラをベースに砂糖でコーティングした桃の形の菓子、桃かすてら。初節句の内祝い用として、長崎の家庭が親戚などに贈ったことが始まりとされている。中国では縁起が良いとされる桃がモチーフの桃かすてらは、中国とも交流の深い長崎ならではの砂糖菓子だ。

桃かすてら
桃の節句の季節限定(2月〜3月末)商品だが、市民からは根強い人気の商品。大918円、小702円、姫桃菓(特小)346円

長崎カステラ
焼き上げたあと、木箱で1日寝かせて熟成。1号1620円

風情ある店舗の数量限定カステラ

カステラ
パッケージは文明堂総本店だけのオリジナル。職人の技が詰まっている。0.6号1080円〜

CMでおなじみの伝統の味

特撰カステラ
3種類の味(お濃茶・和三盆・黒糖)が楽しめるセットや木箱に入ったもの。0.33号 各1350円

↑和菓子だけでなく、洋菓子の種類も豊富。すべての商品が手作りというこだわり

桃の節句に欠かせない季節の味

桃かすてら
しっとりとしたスポンジのほどよい甘さが絶品。長崎市民にも大人気。800円

カステラ&桃かすてら

岩永梅寿軒
いわながばいじゅけん

眼鏡橋周辺 MAP 付録P.7 E-1

長崎ならではの町家造りの店舗で、熟練の職人によって焼き上げる数量限定のカステラ。木箱で1日寝かせて熟成させることで、もちっとした食感とふくよかな味わいが引き出される。

☎095-822-0977 所長崎市諏訪町7-1
営10:00〜17:00 休不定休
交めがね橋電停から徒歩5分 Pなし

人気の長崎カステラは、予約するのがおすすめ

文明堂総本店
ぶんめいどうそうほんてん

出島・ベイエリア周辺 MAP 付録P.6 B-1

素材にこだわり、契約農場と共同開発したカステラ専用のブランド卵「南蛮卵」を使用。和三盆ともち米の水飴を使い、ほのかな甘みを生み出す。熟練を要する製法法と選び抜かれた職人の技術から生まれる特撰カステラは絶品。

☎0120-24-0002 所長崎市江戸町1-1
営9:00〜19:00 休無休
交大波止電停から徒歩1分 Pなし

現在の建物は、戦後まもなく建てられたもの。さるく見聞館にもなっている

万月堂
まんげつどう

長崎市内 MAP 付録P.3 E-1

昭和36年(1961)創業。厳選した材料は店主のこだわり。口にするものだから、賞味期限は短くなるが、防腐剤などは一切使用しない和菓子作りを続けてきた。季節ものの桃かすてらは、人気商品のため、一年中購入可能。

☎095-822-4002 所長崎市愛宕2-7-10
営9:00〜19:00(日曜は〜18:00) 休不定休
交愛宕町バス停から徒歩1分 Pあり

万月堂の桃かすてらは、全国菓子博覧会で名誉総裁賞(芸術部門)を受賞

素朴な味と食感がやみつきになるおいしさ 年齢を問わず楽しめる

ちより 540円
よりよりを、味も食感もそのままに小さく食べやすくした。長崎の景色が描かれたパッケージもかわいらしい

伝統の味を守りながら進化を続ける新長崎銘菓

萬順製菓
まんじゅんせいか
寺町 MAP 付録P.7 F-1

歴史情緒豊かな寺町エリアの一角で、昔ながらの味と伝統を受け継ぐ菓子店。初代の味を守りながらも、よりおいしく食べやすいものをと日々研鑽を重ねている。
☎095-824-0477 所長崎市諏訪町7-28
営9:00〜18:00 休不定休
交市民会館電停から徒歩5分 Pなし

近くには日本最古の唐寺も 長崎に溶け込んだ中国文化を楽しもう

地元の人はもちろんよく知っています
おいしい長崎みやげ

貿易港としての文化繁栄もさることながら、豊富な海の恵みがある長崎は、水産の食文化も見逃せない。長崎の味を家まで持ち帰りたい。

買う●長崎みやげ

アツアツはもちろん冷めてもおいしい

鯨専門店 くらさき
くじらせんもんてん くらさき
思案橋周辺 MAP 付録P.7 D-2

長崎で4代続く鯨専門店。創業以来の名物、鯨カツは、ていねいな下ごしらえにより冷めてもやわらかでおいしく、噛むたびに口の中に風味が広がる。ビールのつまみにもおすすめ。
☎0120-094-083 所長崎市万屋町5-2
営10:00〜18:30 休不定休
交観光通電停から徒歩3分 Pなし

秘伝のタレにじっくり漬け込み、カラッと揚げた自信作

ながさき鯨カツ 1枚450円
鯨カツは揚げ済と生の2タイプがあり、揚げ済は電子レンジでチンするだけ。また、店頭では揚げたてを食べることができる

今では希少な鯨食の文化を全国に向けて発信する

しっかり味の染みた角煮が口の中でとろ〜りとろける

岩崎本舗 浜町観光通り店
いわさきほんぽ はまのまちかんこうどおりてん
思案橋周辺 MAP 付録P.7 D-2

豚の角煮をふわふわの生地で挟んだ長崎名物、角煮まんじゅうの本家本元。厳選した豚バラ肉を使った角煮は、とろけるようにやわらかく、クセになるおいしさだ。
☎095-820-5566 所長崎市浜町5-9
営10:00〜19:30 休無休
交観光通電停から徒歩1分 Pなし

長崎のショッピングスポット、浜町アーケードにある

長崎角煮まんじゅう 450円
丹念に味を染み込ませた角煮と生地が抜群のハーモニー

カリッ、プリプリがたまらない
長崎伝承ハトシ
山ぐち
やまぐち

出島・ベイエリア周辺 MAP 付録P.6 C-1

ハトシは長崎に伝わる卓袱料理のひとつ。カリッと揚がったパンの中にはプリプリ食感のエビがギッシリ。店頭では揚げたてを楽しめるほか、冷凍での地方発送も可能。

☎095-822-1384
🏠長崎市万才町10-12 山口ビル1F
⏰9:00〜17:30 休日曜
🚃万才町バス停／中央橋バス停から徒歩1分 Pなし

ギフトパック(5個入りパック2個セット)3400円
揚げる前の状態を冷凍で。家庭でも揚げたてアツアツが楽しめる

甘みと旨みたっぷりの厳選エビがぎっしり。ハトシ350円

1個から購入可。油っこくない軽い口当たりは老舗料理店ならでは

一子相伝の技で作られる
高級珍味からすみの名店
髙野屋
たかのや

出島・ベイエリア周辺 MAP 付録P.6 C-2

からすみはボラの卵と塩のみで作られる、長崎を代表する珍味。延宝3年(1675)の創業から変わらない製法で、1カ月近くかけて仕上げるからすみは、ほどよい塩味と濃厚な旨みで酒の肴にぴったり。

☎095-822-6554
🏠長崎市築町1-16
⏰9:00〜19:00 日曜、祝日9:30〜18:00
休無休 🚃西浜町電停から徒歩3分
P中央地区商店街駐車場利用

からすみ一腹 6480円〜
340年余の歴史が詰まった逸品。添加物を使用せず、自然の風味を生かしている

丹念に作られたからすみは、宮中や江戸幕府の将軍家にも献上された

からすみほぐし袋入り 1080円〜
焼いたからすみをパウダー状に。パスタをはじめ、さまざまな料理に組み合わせてみたい一品

食べやすいようにスライスされた、スライスからすみ864円〜

上品な磯の香り
老舗の隠れた銘菓
岩永梅寿軒
いわながばいじゅけん ➡P.109

眼鏡橋周辺 MAP 付録P.7 E-1

昆布の風味と求肥のやわらかな食感が特徴の、和菓子の老舗が誇る銘菓「もしほ草」。砂糖をたっぷり使ったシュガーロード・長崎らしい味は、長きにわたって愛されている。

ショーケースには干菓子や最中など、四季折々の美しいお菓子が並ぶ

もしほ草 100g540円〜
一口サイズでお茶うけにぴったり。小ぶりのパッケージはおみやげにも人気

おいしい長崎みやげ

待ち時間を利用して出かけたい
長崎駅&長崎空港みやげ

移動の基点になる長崎駅や長崎空港。さまざまなおみやげが、集まっているので、待ち時間にまとめて買える。

A ヴィリディタス
オリジナルペン
7700円
長崎県産の桜の木を使用したボールペン

A アンドベーシック
カードケース 1100円
長崎ならではの風景をモチーフにしたカードケース

B「かすてぃーりぁ」
50g缶入り 1000円
長崎のカステラをイメージした甘い香りの紅茶

B「びいどろ」
50g缶入り 1050円
金平糖をトッピングしたフルーティな紅茶

C 長崎ラスク
大浦天主堂缶(左)
出島表門橋記念缶(右)
各10枚入り1080円
長崎名物・カステラがサクサクのラスクに。カステラ味6枚のほか、コーヒー味2枚、そのぎ茶(緑茶)味2枚が入っている

A ナガサキハンズ
タオル手ぬぐい
1399円
長崎の名所を刷り込んだ店のオリジナル
※数量限定品

C D 茂木ビワゼリー
(茂木一まる香本家)
1個324円、
6個箱入り2160円
茂木びわをまるごと1個使用。県民にも愛される定番みやげ

D じゃがメル
(長崎空港オリジナル)
514円
チップスにしたじゃがいものサクッとした食感が斬新なキャラメル

C D ちゃんぽん天
(まるなか本舗)
3枚入り594円
長崎ちゃんぽんが練り込まれた揚げ蒲鉾

D 大吟醸 長崎美人
(福田酒造)
720mℓ 2750円〜
全国新酒鑑評会で金賞を受賞した銘酒

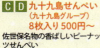

C D 九十九島せんべい
(九十九島グループ)
8枚入り 500円〜
佐世保名物の香ばしいピーナッツせんべい

A 東急ハンズ
長崎店
とうきゅうハンズ ながさきてん
長崎駅周辺 MAP 付録P.4A-2
生活雑貨をはじめ、コスメ、文具など、多種多様なアイテムを取り揃える。
☎095-816-0109
営10:00〜21:00 休無休
(アミュプラザ長崎に準ずる)

B ルピシア
長崎店
ルピシア ながさきてん
長崎駅周辺 MAP 付録P.4A-2
紅茶、緑茶、烏龍茶など、世界のお茶を扱う専門店。長崎限定茶はおみやげに最適。
☎095-808-1118
営10:00〜20:00 休不定休
(アミュプラザ長崎に準ずる)

C おみやげ街道
すみや
おみやげかいどう すみや
長崎駅周辺 MAP 付録P.4A-2
長崎の人気ブランドのおみやげが勢揃い。探していた商品がきっと見つかる。
☎095-808-3833
営9:00〜19:00 休無休
(アミュプラザ長崎に準ずる)

D エアポートショップ
MiSoLa-海空-
エアポートショップ ミソラ
長崎空港 MAP 本書P.3E-3
県下最大級の品揃え。カステラをはじめ、長崎県を代表する名産品を豊富に揃える。
☎0957-52-5551
営6:45〜20:30(就航便により変更の場合あり) 休無休

◆ SIGHTSEEING
Nagasaki

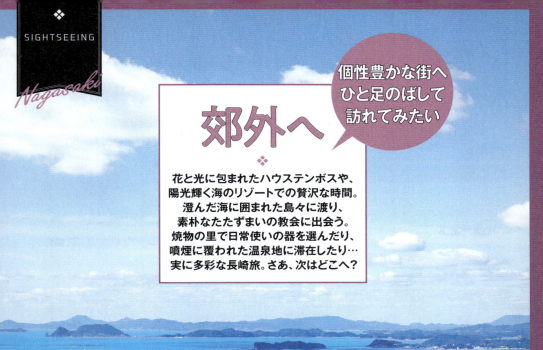

郊外へ

個性豊かな街へ
ひと足のばして
訪れてみたい

花と光に包まれたハウステンボスや、
陽光輝く海のリゾートでの贅沢な時間。
澄んだ海に囲まれた島々に渡り、
素朴なたたずまいの教会に出会う。
焼物の里で日常使いの器を選んだり、
噴煙に覆われた温泉地に滞在したり…
実に多彩な長崎旅。さあ、次はどこへ？

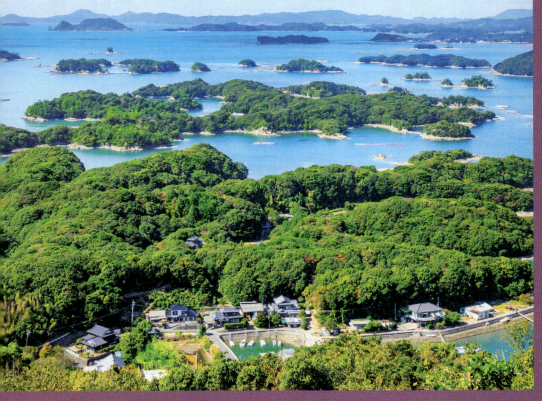

旅のきほん

長崎タウンから足をのばして
郊外のエリアとアクセスガイド

長崎市街からどこかへ出かけるとなると、重要なのは効率的な交通手段だ。
特に公共交通機関を利用する場合は、乗り継ぎなど綿密な計画を立てておきたい。

欧州薫るテーマパーク
ハウステンボス ➡ P.116

広大な敷地にヨーロッパの街並みを再現。豪華なイルミネーションや花畑が楽しめるほか、多彩なイベントを年中開催。

アクセス 長崎駅から電車で1時間30分。長崎駅からバスで1時間20分。長崎市街から車で1時間10分。

↑さまざまなイベントやアトラクションも用意

世界に誇る美しい教会群
五島列島 ➡ P.126
ごとうれっとう

大小140余りの島からなる列島は自然豊かで、全域が国立公園。迫害されたキリスト教徒が移住し、古い教会が多い。

アクセス 長崎港から福江港(福江島)まで船で1時間25分～3時間10分、奈良尾港(中通島)まで1時間10分～2時間35分。長崎空港から五島つばき空港まで飛行機で30分。

↑自然の風景も美しい

↑当時の洋風造りの倉庫を復元した平戸オランダ商館(平戸)

米軍基地がある造船の街
佐世保 ➡ P.136
させぼ

米海軍の基地があるため、随所にアメリカ文化が感じられる。リアス式海岸の九十九島など自然にも注目。
くじゅうくしま

アクセス 長崎駅から電車で2時間10分。長崎駅からバスで1時間30分。長崎市街から車で1時間20分。

↑造船が盛んな港町はさまざまな作品の舞台に

↑松倉重政が築城した島原城が復元されている(島原)

↑雲仙地獄はキリシタン殉教の地(雲仙)

114

かつての外交貿易の要衝地
平戸（ひらど） ➡P.142
中国やポルトガル、オランダとの貿易で栄えた。城下町に教会や商館など異国建築が独特の景観を見せる。

アクセス 長崎駅からバスで3時間30分。長崎市街から車で2時間。

波佐見焼の器を探して
波佐見（はさみ） ➡P.144
のどかな山里に400年の歴史を誇る波佐見焼の窯元やショップが集まる。現代的なセンスの作品も増えている。

アクセス 長崎駅から電車とバスで1時間50分。長崎市街から車で1時間。

湯けむり立ち昇る温泉宿
雲仙（うんぜん） ➡P.150
白い煙が上がる雲仙地獄を中心とした温泉街が有名。高地にあり、外国人の避暑地として栄えた歴史を持つ。

アクセス 長崎駅からバスで1時間40分。長崎市街から車で1時間10分。

澄んだ水が流れる城下町
島原（しまばら） ➡P.152
島原半島東端の島原城を中心に栄え、今も武家屋敷や商人屋敷が残る。雲仙岳の伏流水が湧く水の街でもある。

アクセス 長崎駅から電車で1時間40分。長崎市街から車で1時間30分。

▲棚田百選に選ばれた鬼木棚田（波佐見）

ダイナミックな自然景観
西海（さいかい） ➡P.140
西彼杵半島の一帯は海岸線の景色も魅力的な自然あふれるエリア。新鮮な地元食材を生かしたグルメが絶品。

アクセス 長崎駅からバスで1時間30分。長崎市街から車で1時間10分。

郊外のエリアとアクセスガイド

大人の休日を優雅に過ごしたい
ハウステンボス

広大な敷地を生かしてヨーロッパの街並みを再現した日本一広いテーマパーク。四季折々の美しい花々が咲き、夜には日本一美しい光の世界へと誘う。

郊外へ●ハウステンボス

観光のポイント
場内には異なるテーマを持つ8のエリアがある。一日ですべてをまわりきることはできないので、ゆったりと楽しむには、宿泊するのがおすすめ

↑全長6kmの運河を遊覧するカナルクルーザー。ウェルカムゲートとタワーシティの間で水上観光が楽しめる

さまざまな楽しみ方ができる
花と光の感動リゾート

オランダ語で"森の家"という名を持つテーマパーク。一年中花が咲き誇り、異国情緒あふれる街並みに音楽が流れ、夜には夜景日本一の光のイベントが繰り広げられる。多種多様なレストランやショップ、最先端技術を駆使したアミューズメント施設とともに、ホテル、美術館などもあり本格的なリゾートライフを満喫できる。

MAP 付録 P.12 C-3／P.15上図
☎0570-064-110
所 佐世保市ハウステンボス町1-1
営 季節により異なる 休 無休
交 JRハウステンボス駅からすぐ P あり

↑風車をバックにチューリップなど季節の花が咲き継ぐフラワーロード。写真撮影のベストスポットとして人気が高い

116　©ハウステンボス/J-19718

ハウステンボスはこんなところです

ヨーロッパの雰囲気が漂う街並みが広がり、日本一の広さを誇るテーマパーク。花や光に彩られたリゾートで、感動のエンターテインメントを体験。特別な滞在を約束する。

四季折々の花を愛でる
花の街
一年を通して、季節の花々が街中を埋め尽くす。見事な華やぎの世界を五感で楽しめる。

フラワーフェスティバル
季節の到来を祝うかのように春から初夏にかけて、チューリップ、バラ、あじさいが咲き誇り、街をカラフルに彩る。

イルミネーション日本一の街
光の王国
1300万球もの光でつくられる、世界最大規模のイルミネーションは、感動必至の絶景。

ブルーウェーブ
街で最も広い庭・アートガーデンで見られる雄大な光の海。一面の青い光が見せる、大海原のような風景は圧巻だ。

ホテルやヴィラに宿泊
リゾートステイ
幻想的な夜の街、早朝散策、長崎グルメなど、大人ならではの贅沢な旅を演出してくれる。

ホテルヨーロッパ
ハーバータウンに建つクラシックホテル。建物、食事、コンサートなどいたるところに中世ヨーロッパの世界が感じられる。
➡ P.124

楽しいアトラクションやショーが目白押し
アクティビティ＆エンターテインメント
童心に返って遊べる多彩なアトラクションや、大迫力の花火、華やかな歌劇と音楽ショーを満喫できる。

アトラクションタウン
最新技術を導入したものや、体を動かして楽しむものなど、大人も楽しめる遊びが充実。

歌劇 ザ・レビュー ハウステンボス
パスポートがあれば無料（自由席のみ）で見られる。1公演約60分という気軽さもうれしい。

お役立ちinformation

アクセス

●電車

佐世保駅	長崎駅
⬇JR快速シーサイドライナーで20分	⬇JR快速シーサイドライナーで1時間30分
ハウステンボス駅	
⬇徒歩すぐ	
ハウステンボス	

※JR長崎駅からは、JR佐世保行きの電車であれば乗り換え不要

●車

長崎空港	長崎市街
⬇県道38号 15分	⬇ながさき出島道路 10分
大村IC	長崎IC
⬇長崎道 15分	⬇長崎道 30分
東そのぎIC	
⬇国道205号で30分	

●バス

長崎空港から西肥バスで1時間（1時間に1〜2便、1250円）。**長崎駅**からは長崎県営バスで1時間20分（土・日曜、祝日、年末年始、お盆のみ1日2便、1450円）。福岡方面からは西鉄バスと西肥バス（予約制）が発着しており、**福岡空港**から1時間34分、**博多駅**から1時間50分（いずれも1日2便、2310円）で行くことができる。

●そのほか
長崎空港から高速船（予約制）で50分（大人2000円、復路割引は1500円。10名以上のグループでは1人1600円）。季節や天候により変動があるが、1日3便運航している。
安田産業汽船 ☎0957-54-4740

チケット

チケットの種類	1DAYパスポート 入場＋アトラクション施設利用	アフター3パスポート 午後3時以降入場＋アトラクション施設利用	アフター5パスポート 午後5時以降入場＋アトラクション施設利用
大人（18歳以上）	7000円	4500円	4000円
中高生	6000円	4300円	3400円
小学生	4600円	3300円	2600円
4歳〜小学生未満	3500円	2500円	2000円
おもいやり	5000円	3600円	2900円

※おもいやりの対象は、65歳以上、妊婦と同伴者1人、3歳以下の子供と同伴者2人、ペット連れ（1頭につき1人）

耳寄りチケット情報
- 2DAYパス、3DAYパスや、オフィシャルホテル限定チケットなどもある。
- 年間パスポートは大人2万2000円。
- Webでチケットを事前購入しておくと、当日チケット窓口の列に並ばずに入場できる。

ウェルカムゲート
入口であるウェルカムゲートでは、マップとガイド、イベントスケジュールを必ずもらおう。場内の施設、レストラン、ショップなどの位置を確認でき、当日のショーやイベントスケジュールなどをチェックできる。ガイドマップに掲載されているQRコードを読み取れば、さらに詳しいイベント情報を得ることができる。

インフォメーションセンター
困ったときにはインフォメーションセンターを利用しよう。ウェルカムゲートとアムステルダムシティの2カ所にあり、場内案内をはじめ、伝言、忘れ物、迷子サービスに授乳室や静養室、携帯電話の充電器も用意。車いすのレンタルもある。

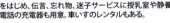

場内の移動に便利な乗り物
ハウステンボスの敷地は東京ドームの33個分という広さ。場内を巡るパークバス、カートタクシーや自転車などを利用して効率よくまわりたい。

レンタサイクル
普通の自転車だけでなく、2人乗り、4人乗りのユニークな自転車などもある。有料。

パークバス
ドライバーが各施設・イベントなどを案内する路線バス。パスポート利用可。

カートタクシー
場内を目的地まで送迎してくれる。1人300円。

馬車
アンティーク馬車で場内をまわることができる。1500円ほか。要予約。

夢のようなイベントが目白押し
ハウステンボスの エリアと見どころ

世界最先端アトラクションに、本格的な舞台から優雅なミュージアムなど、見どころ満載。

鮮やかな花々がお出迎え
ウェルカムエリア

見どころ◀ MAP P.118 ①
季節の花々に癒やされる
フラワーロード
三連風車と花々を眺めながら、散策を楽しむことができる。フォトスポットとしてもおすすめだ。

2月上旬〜4月上旬には、一面のチューリップ畑が見られる。

→ クルーザーに乗船して、タワーシティまでの景観を満喫

無人島で遊ぶ
恐竜のいる無人島を冒険
JURASSIC ISLAND
ジュラシック アイランド
MAP P.118 ④

ハウステンボスから約6kmの海上にある無人島で、AR（拡張現実）スコープ越しに恐竜と戦うシューティングアトラクションが楽しめる。

所要時間 約2時間20分（移動時間を含む） 料金 パスポート対象 年齢制限 小学生以上

屋内アミューズメントの街
アトラクションタウン

見どころ◀ MAP P.118 ②
VR施設で新たな体験を
VRワールド
シューティングやスリル体験などVR（バーチャルリアリティ）コンテンツが充実。
年齢制限 7歳（一部13歳）以上

「ショコラ伯爵の館」や「ホログラムシアター」など屋内型施設が充実。

→ 地球を飛び出す体験ができるウルトラ逆バンジー

2021年に新登場の注目エリア
光のファンタジアシティ → P.21

見どころ◀ MAP P.118 ③
幻想的なカフェでのひとときを
森のファンタジアカフェ
秘密の果実がなるツリーなどが広がるデジタルの森で、ドリンクを片手にピクニックを楽しむ（カフェ利用は有料）。

最新のデジタル技術を駆使した、7つの体験を用意。

→ 不思議な空間に日常を忘れるほど夢中になれる

©FLOWERS BY NAKED 2016-2020 ©NAKED, INC. ©TREE by NAKED

郊外へ●ハウステンボス

ハーバーゾーン
テーマパークゾーン
アムステルダムシティ
光のファンタジアシティ
アトラクションタウン
ウェルカムエリア

P.125 ホテル アムステルダム ㉗
P.120 ⑩ スタッドハウス
花時計
P.123 ㉔
P.123 ㉒
アムステルダム広場 ⑤
P.21 海のファンタジア
P.122 ⑰
③ 森のファンタジアカフェ P.21
フラワーファンタジア P.21
⑮ P.21
⑯ P.12
⑱ P.12
ミューズホール
白い観覧車 ⑧
ショコラ伯爵の館
⑲ P.122
噴水広場
VRワールド ②
天空レールコースター 〜疾風〜 ⑨
ワッセナー（別荘地）
① フラワーロード 天空の城
ナイアンローデ城
⑳ P.123
ホテルオークラ JRハウステンボス
㉕ P.123
JRハウステンボス駅
ホテル日航 ハウステンボス
ウェルカムゲート（入国口）
フェアウェルゲート（出国口）

118

光と音楽が彩る街の中心地
アムステルダムシティ

見どころ MAP P.118 ⑤
音楽に包まれて、グルメを満喫
アムステルダム広場
音楽のあふれる広場でライブを楽しみながら、オープンカフェでのんびりしたりと、大人の楽しみ方が満載。

→昼も夜も楽しめる賑やかなエリア

宮殿へ続く港町
ハーバータウン

見どころ MAP P.119 ⑥
荘厳なオランダ宮殿を忠実に再現
パレス ハウステンボス
宮殿内は美術館として国内外の美術品を集めた企画展を開催。バロック式庭園を彩る壮大な光のイベントは圧巻。

→大村湾に面した港町で散策も楽しめる。グルメやゲーム施設も充実。
→オランダ王室からの特別許可のもと再現している

街を一望するシンボルマーク
タワーシティ

見どころ MAP P.119 ⑦
シンボルタワーから街を一望
ドムトールン
ドム教会の時計塔をモデルに造られ、5階展望室からは、ハウステンボスの街並みや大村湾の先まで一望できる。

高さ105mの塔「ドムトールン」が建つ。レストランと展望室がある。
→特別なプレミアムスカイラウンジも

場内最大の花と光の庭
アートガーデン

見どころ MAP P.118 ⑧
白で統一された観覧車
白い観覧車
ヨーロッパの街並みに溶け込む真っ白な観覧車は高さ約48m。冷房、座席ヒーター付きのゴンドラで一周の所要時間は約11分。

初夏には130万本のバラが咲き誇る庭園。冬はイルミネーションを展開。
→パスポートがあれば乗車できる

体を使って遊べる遊具がいっぱい
アドベンチャーパーク

見どころ MAP P.118 ⑨
スリル満点の1人乗りコースター
天空レールコースター〜疾風〜
高さ11mのスタート地点から森の中にある全長250mのコースを滑走する。
利用制限 小学生以上、体重90kg未満

スリルと興奮のアトラクションが集結。「天空の城」もおすすめ。
→上下左右に揺れながら駆け抜ける

ハウステンボスのエリアと見どころ

119

GOURMET 食べる

贅沢な食事を堪能したいなら
地元食材を使った多彩なグルメ

ヨーロッパだけでなく和食や中華まで幅広く揃う。地産地消をベースにした長崎・佐世保ならではのご当地グルメやスイーツが楽しめる専門店も見逃せない。

ホテルシェフが監修した料理をリーズナブルに楽しめる（ガーデンレストラン）

郊外へ●ハウステンボス

広場の屋外ショーが楽しめるオープンレストラン

アムステルダムシティ MAP P.118 ⑩

予算 L D 1500円～

アムステルダムガーデンレストラン&カフェ

ヨーロッパの街並みに囲まれたアムステルダム広場でのショーを見ながら食事やお酒が楽しめる。専用のロースターで焼き上げた一羽丸ごとのローストチキンをはじめ、西洋各国のメニューが揃う。

🕐 11:30～ハウステンボス営業終了時間

季節の花々が咲き、心地よい音楽が流れる贅沢な空間で食事ができる

⬆ ライトアップが始まる日没後はロマンティックな雰囲気に包まれる

長崎の食材をふんだんに盛り込んだ日本料理

ハーバータウン・ホテルヨーロッパ1F MAP P.119 ⑪

吉翠亭
きっすいてい

長崎の鮮魚を中心に旬の食材で季節感を大切にした本格日本料理店。華やかな八寸やお造り、炊き合わせなどが供される会席料理は盛り付けも味も絶品。朝食にはおかゆも選べる朝食膳が人気。

☎ 0570-064-300
（ハウステンボス総合予約センター）
🕐 7:00～10:00 11:30～14:00 17:30～21:00

⬆ ホテルヨーロッパの1階。落ち着いた雰囲気のなか、ゆっくりと食事が楽しめる

予約 可
予算
L 3300円～
D 1万円～
※サ料別

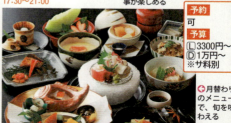

⬆ 月替わりのメニューで、旬を味わえる

佐世保グルメのレモンステーキ

タワーシティ MAP P.119 ⑫

ロード・レーウ

予算 L D 2000円～

佐世保名物の「レモンステーキ」が食べられるステーキ&ハンバーグレストラン。薄くスライスしたステーキ肉を醤油ベースの特製レモンソースで仕上げた一品。ハンバーグやチーズフォンデュもおすすめ。

⏰ 11:00～15:00 17:00～ハウステンボス営業終了時間

↑タワーシティの1階にある

↑シックで落ち着いた店内

↑レモンステーキ1750円。付け合わせの野菜は季節によって変わる

ホテルパティシエが繰り出す新感覚スイーツ

タワーシティ MAP P.119 ⑬

カフェデリ プリュ

コンテストで数々の賞を受賞したシェフパティシエ・三浦英樹が作り出す絶品スイーツをはじめ、サンドイッチなどの軽食も気軽に楽しめるカフェ。イートインだけでなくテイクアウトもできる。

⏰ 10:00～ハウステンボス営業終了時間

↑バラスイーツ800円～（イメージ）

↑ケーキ（イメージ）650円～。ホテルパティシエが創作するオリジナルスイーツを味わえる

予算 L D 700円～

鮮度抜群の野菜をブッフェスタイルで

アドベンチャーパーク MAP P.119 ⑭

健康レストラン AURA

けんこうレストラン オーラ

予算 L 2050円
※平日は100円引き

「医食同源、食で健康に」がテーマのレストラン。地産地消にこだわり、地元の旬の食材を使用したサラダバーや、多彩な料理が食べ放題。

⏰ 11:00～14:00
（最終入店13:45）

↑「変なホテル」に隣接するレストランで、店内は広々と開放感ある席を用意

↑新鮮な野菜と旬の食材で、心も体も健康に

地元食材を使った多彩なグルメ

SHOPPING 買う

名産グルメとキュートなグッズが多彩に揃う
珍しいおみやげ オランダテイスト

ハウステンボスにはエンターテインメントにあふれるショップがたくさん。チーズやワインなどオランダの特産品から九州のおいしい名産品やオリジナル雑貨など、選んで楽しいものばかり。

A お菓子の城
おかしのしろ
アムステルダムシティ MAP P.118 ⑮

ハウステンボス限定お菓子に注目
国内外から取り寄せたポップでかわいいお菓子が勢揃い。子どもから大人まで楽しめるお店。
☎9:00～21:00（季節により変動あり）

B 九州の城
きゅうしゅうのしろ
アムステルダムシティ MAP P.118 ⑯

九州のうまかもんに舌鼓
明太子、ちゃんぽん、さつまあげ、焼酎など九州各地の名産品が並ぶ。明太子の食べ比べができる試食が好評。
☎9:00～21:00（季節により変動あり）

C チーズの城
チーズのしろ
アムステルダムシティ MAP P.118 ⑰

幅広い品揃えのチーズ専門店
チーズやチーズケーキ、チーズを使ったソーセージなどの人気商品を試食できる大好評の食べ比べイベントを毎日開催。
☎9:00～21:00（季節により変動あり）

D ワインの城
ワインのしろ
アムステルダムシティ MAP P.118 ⑱

九州ワインもラインナップ
世界各地の銘醸ワインに九州ワイナリーのワインなど種類豊富。ワインテイスティングマシンで有料試飲もできる。
☎9:00～21:00（季節により変動あり）

E カステラの城
カステラのしろ
アトラクションタウン MAP P.118 ⑲

長崎カステラの競演
200種類以上の商品からカステラマイスターがアドバイス。人気10種と日替わりのカステラ1～3種を食べ比べできる。
☎9:00～21:00（季節により変動あり）

郊外へ●ハウステンボス

A 長崎ビュースポット
ハウステンボスをはじめ長崎のさまざまな名所がデフォルメされたイラストがかわいいチョコ。大：1200円（写真）、小：650円

B ちゃんぽん・皿うどん
地元有名メーカーとコラボしたちゃんぽんと皿うどん。各2人前 1400円

C カチョカヴァロ
モッツァレラチーズを紐で吊るして乾燥させたチーズ。プレーン、スモークの2種。各200g 1400円

城シリーズ
お菓子、九州、チーズ、ワイン、カステラの5つの城は食べ比べ・飲み比べも人気

E 極上五三焼カステラ金無垢
厳選国産材料を使用し、限られた職人によって丹念に焼き上げられたカステラ。0.75号 3200円、0.35号 1700円

D オリジナルワイン バルベーラ（左） シャルドネ（右）
100年以上の歴史を誇るベンナーティ家が造り上げたワイン。各750ml 1600円

D モスカート・ダスティ
マスカットを使った微発泡のイタリアワイン。750ml 2400円

F リンダ
ウェルカムゲート(入国口) MAP P.118 ⑳
いろんなテディベアに出会える
オリジナルベアから季節限定ベア、テディベアをモチーフにしたタオルやクッキー、チョコレートなど雑貨も愛らしい。
◎9:00〜21:00(季節により変動あり)

G クート
アムステルダムシティ MAP P.119 ㉑
キャラクターグッズ専門店
ハローキティやムーミンをはじめハウステンボスのマスコット「ちゅーりー」などのキャラクターグッズが揃う。
◎9:00〜21:00(季節により変動あり)

H ナインチェ
アムステルダムシティ MAP P.118 ㉒
世界最大級のミッフィー専門店
オランダ生まれのミッフィーグッズの専門店。約1000ものアイテムが並び、キッズルームもある。
◎9:00〜21:00(季節により変動あり)

I アンジェリケ
アムステルダムシティ MAP P.119 ㉓
花の香りをおみやげに
香水やアロマグッズなど香りやデザインもエレガントな雑貨が並び、バラの香りに包まれた女性に人気の店。
◎9:00〜21:00(季節により変動あり)

J オランダの館
オランダのやかた
アムステルダムシティ MAP P.118 ㉔
ハウステンボスらしい雑貨が揃う
ヨーロッパ雑貨の専門店。おすすめの木靴はサイズやバリエーションが豊富。店内では絵付け体験も行っている。
◎9:00〜21:00(季節により変動あり)

K スキポール
フェアウェルゲート(出国口) MAP P.118 ㉕
出国口で買い忘れをフォロー
ハウステンボスの人気商品はもちろん、長崎県の特産品なども取り扱っており、おみやげの買い忘れもここで解決。
◎9:00〜21:00(季節により変動あり)

珍しいおみやげ オランダテイスト

| HOTELS
| 泊まる

ホテルヨーロッパ宿泊客には、専用のカナルクルーザーでのハウステンボス周遊サービスがある。

クラシカルヨーロッパスタイルと未来型ロボットシステム
ハウステンボスのホテル

郊外へ／ハウステンボス

7つのオフィシャルホテルのなかでも場内に位置する直営のホテルヨーロッパ、ホテルアムステルダム、フォレストヴィラには、開園前や閉園後に散策ができたり、再入場パスポートのプレゼントなど特別な宿泊特典がある。また、ロボットがもてなす「変なホテル ハウステンボス」も注目を集めている。

ヨーロッパのクラシカルな雰囲気を堪能できるホテル
ホテルヨーロッパ

ハーバータウン MAP P.119 ㉖

カナルクルーザー(運河船)でのチェックインとアウトができ、ロビーでは花々と音楽が優雅に出迎える。クラシカルなインテリアで整えられた空間に生演奏が流れるレストラン、ラウンジでも大人の空間が体験できる。

☎0570-064-300
(ハウステンボス総合予約センター)
所 佐世保市ハウステンボス町7-7
P 宿泊者専用駐車場
IN 15:00 OUT 11:00 室 310室
予算 1室5万4400円〜(2名1室利用の場合)

1. 夜になるとライトアップされた建物が内海に映りロマンティック 2. 上質な空間でのおもてなしを約束するクラブラウンジでは、時間帯によりアフタヌーンティーや朝食などワンランク上のサービスが受けられる 3. 伝統を生かしつつ華やかで洗練されたデザイナールーム(客室一例) 4. 運河を望む開放的なアンカーズラウンジではクラシックの生演奏が楽しめる

ホテルグルメ PICK UP
デ アドミラル
生演奏に包まれてエレガントなフレンチ

ドレスコードもある優雅な雰囲気のメインダイニング。九州の食材をふんだんに取り入れた本格フレンチが楽しめる。

パークをダイレクトに楽しめて
女性にやさしい設備が充実

ホテル アムステルダム

アムステルダムシティ **MAP** P.118 ㉗

ハウステンボスのほぼ中央に位置し、仮面ダンスパーティーやミュージックイベントが行われるアムステルダム広場とマリーナが望める絶好のロケーション。開放的なレストランや、ホテル最上階に位置するクラブフロアの部屋は、女性にも人気が高い。

☎ 0570-064-300
（ハウステンボス総合予約センター）
⌂ 佐世保市ハウステンボス町1-1 ハウステンボス内　P 宿泊者専用駐車場
in 15:00　out 11:00　室 202室
予 1室4万800円～（2名1室利用の場合）

1. 開放的なロビー　2. クラブフロア専用のクラブラウンジ　3. 花柄が可憐なデラックスデザイナーズルーム（客室一例）　4. オランダの伝統的な街並みを再現したホテルの外観

夜はアムステルダム広場のショーや3Dプロジェクションマッピングが目の前。

ホテルグルメ PICK UP

ア クールベール
九州一円の素材を贅沢に味わう

大きな窓からハウステンボスパークを眺めながら食事が楽しめる。フレンチをベースにしたこだわりの料理をブッフェスタイルで。

家族や仲間との滞在に最適
森と湖に囲まれたコテージ

フォレストヴィラ

MAP P.119 ㉘

森に囲まれた湖畔に立ち並ぶ別荘感覚のコテージ。1階はテラス付きリビング、2階には独立したベッドルームが2部屋あり、家族連れやグループでの滞在にぴったり。敷地内では小鳥のさえずりや、水鳥たちの訪問が日常を忘れさせる。開放的なレストランでは、身体が喜ぶ料理を堪能できる。

☎ 0570-064-300
（ハウステンボス総合予約センター）
⌂ 佐世保市ハウステンボス町7-7 ハウステンボス内　P 宿泊者専用駐車場
in 15:00　out 11:00　室 104棟
予 1室6万1200円～（4名1室利用の場合）

1. テラスとつながり、広々としたリビングでくつろげる　2. レストラン「トロティネ」では、地元の野菜を中心に体にやさしい料理が楽しめる　3. 湖を中心に104棟のコテージが立ち並ぶ

ヴィラには最大5名宿泊することができ、愛犬と泊まれるドッグヴィラも併設。

メインスタッフがロボットの
未来を予感させる注目ホテル

変なホテル ハウステンボス

へんなホテル ハウステンボス

アドベンチャーパーク隣接 **MAP** P.119 ㉙

フロント、クローク、コンシェルジュに清掃までロボットが対応する次世代型ホテル。シンプルモダンな客室は顔認証システムでキーレスエントリーが実現。貸出スマートフォンがあるなど、"ザ・未来"のサービスが満載。

☎ 0570-064-110
（ハウステンボス総合案内ナビダイヤル）
⌂ 佐世保市ハウステンボス町6-5
P 宿泊者専用駐車場
in 15:00　out 11:00　室 200室
予 1室1万8800円～（スタンダードタイプ、2名1室利用の場合）

1. 荷物を預かるロボットクローク。24時間500円　2. 日本のホテルとしては初の木質構造材CLT工法で環境に配慮したウエストアームの客室　3. チェックイン・アウトの手続きをする恐竜や人型ロボット

無機質ではない遊び心もある先端技術を駆使したさまざまなロボットに出会える。

ハウステンボスのホテル

125

ゆったりと流れる島時間の旅
五島列島 ごとうれっとう

五島列島の魅力といえば、どこまでも澄み渡る美しい海。ほかにも世界遺産の教会めぐりや、日本3大うどんのひとつ"五島うどん"など、楽しみは尽きない。

大瀬崎断崖近くの展望所から玉之浦湾方面を望む

郊外へ●五島列島

美しい島々の大自然と歴史、世界遺産の教会が魅力の島

九州の最西端、東シナ海に浮かぶ大小140余りの島々が連なる五島列島の南西部にあって、福江島を中心とする「下五島（五島市）」と中通島を中心とする「上五島（新上五島町）」と大きく2エリアに分けられる。ほぼ全域が西海国立公園という豊かな自然を有し、マリンスポーツのメッカであり、キリシタン弾圧時代の歴史が色濃く残る土地でもある。

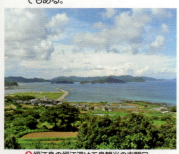

↑福江島の福江港は五島観光の玄関口

福江島を中心に五島で最も賑やかなエリア
下五島 しもごとう　➡P.128

空港も備えた五島観光の拠点
福江島 ふくえじま
MAP 付録P.10 A-4
武家屋敷や石組みの塀など城下町の面影が残る。歴史ある街並みを散策したい。

椿の花が映えるのどかな島
久賀島 ひさかじま
MAP 付録P.10 B-3
傾斜地の棚田や湾を囲む椿林が美しい景観をつくる。豊かな自然が魅力の島。

緑に覆われた自然豊かな島
奈留島 なるしま
MAP 付録P.10 B-3
入り江が深く切れ込んだ複雑な地形が、ダイナミックな自然の景観を見せてくれる。

入り組んだ海岸線の美しい海と点在する29の教会が見られる
上五島 かみごとう　➡P.130

多くの教会が建つ信仰の島
中通島 なかどおりじま
MAP 付録P.10 C-2
十字架に似た地形の島。ステンドグラスが美しい教会、レンガ造りの優美な教会などが建つ。

五島列島の真ん中にある島
若松島 わかまつじま
MAP 付録P.10 C-3
中通島と若松大橋で結ばれているので車でアクセス可能。島々を見渡すビュースポットは必訪。

↑福江港にはさまざまな船が到着する(上)。ジェットフォイルぺがさすはフェリーよりスピードが速いのでおすすめ(下)

交通 information

五島列島へのアクセス

●飛行機

| 長崎空港 | ORC、ANAで 約30分／1日約3便 | 五島つばき空港 |

●船

長崎港 → 福江港
高速船：ジェットフォイルぺがさす、ぺがさす2（九州商船）で約1時間25分～／1日2便
フェリー：フェリー万葉、フェリー椿（九州商船）で約3時間10分～／1日2～3便

長崎港 → 奈良尾港
高速船：ジェットフォイルぺがさす、ぺがさす2（九州商船）で約1時間10分～2時間10分／1日1～3便
フェリー：フェリー万葉、フェリー椿（九州商船）で約2時間35分／1日1便

長崎港 → 有川港
高速船：シープリンセス（九州商船）で約1時間45分／1日2～3便

佐世保港 → 有川港
高速船：びっぐあーす2号（九州商船）で約1時間25分／1日1～2便
フェリー：フェリーなみじ（九州商船）で約2時間35分／1日1～2便

佐世保港 → 小値賀港
高速船：シークイーン、びっぐあーす2号（九州商船）で約1時間30分～／1日1～3便
フェリー：フェリーなみじ、いのり（九州商船）で約3時間10分／1日1～2便

佐世保港 → 宇久平港
高速船：シークイーン、びっぐあーす2号（九州商船）で約2時間／1日1～2便
フェリー：フェリーなみじ、いのり（九州商船）で約2時間25分／1日1～2便

島間の移動

福江港 ←→ 田の浦港
高速船：シーガル（木口汽船）で約20分／1日2～3便
フェリー：フェリーひさか（木口汽船）で約35分／1日1便

福江港 ←→ 奈留港 ←→ 若松港
高速船：ニューたいよう（五島旅客船）で福江港～奈留港約30分、奈留港～若松港約1時間5分／1日1～3便
フェリー：フェリーオーシャン（五島旅客船）で福江港～奈留港45分、奈留港～若松港50分／1日2～3便

福江港 ←→ 奈良尾港
高速船：ジェットフォイルぺがさす、ぺがさす2（九州商船）で約30分／1日1～3便

福江港 → 奈留港 → 奈良尾港
フェリー：フェリー万葉、フェリー椿（九州商船）で福江港～奈留港40分、奈留港～奈良尾港50分／1日1便

小値賀港 ←→ 宇久平港
高速船：シークイーン、びっぐあーす2号（九州商船）で約20分／1日1～2便
フェリー：フェリーなみじ、いのり（九州商船）で約40分／1日1～2便

※2021年2月現在、宇久平港発着のびっぐあーす2号はなし

五島列島の最北端で素朴な島暮らしが魅力的

宇久・小値賀
うく・おぢか
➡ P.134

佐世保市に属する五島列島最北の島
宇久島 うくじま
MAP 付録P.10 C-1
五島藩の始祖、平家盛が上陸した地と伝わり、五島のルーツともいえる島。

自然のなかで古民家ステイ
小値賀島 おぢかじま
MAP 付録P.10 C-1
平地が多く農耕に適していたため、古くから人々が生活していたのどかな島。

大自然と教会堂が島を見守る
野崎島 のざきじま
MAP 付録P.10 C-1
宿泊施設があるだけでほぼ無人の島。野生のニホンジカに会える。

127

列島の西の海に美しい教会が映える

下五島
しもごとう

↑水平線がオレンジに染まる夕日の美しい島

はるか遠い唐の国へ向かい遣唐使船は福江島から旅立った。美しい海に囲まれた島々には海外との歴史が刻まれている。

列島の西部にあり経済の中心地 サンセットやビーチの美景も多数

五島列島のなかでは最大面積を誇る福江島や、久賀島、奈留島などを擁する下五島。列島の交通・経済の要衝である福江島は、空路、航路ともに整備されアクセスも便利。堂崎天主堂や江上天主堂などの著名な教会、敷地内に五島高校や資料館の建つ福江城跡、高浜、大瀬崎断崖といった景勝地など、さまざまな観光スポットが点在する。

高浜
たかはま
福江島 MAP 付録P.10 A-3

日本一の美しさを誇る白砂と淡いブルーが続く絶景ビーチ

白砂と澄みきったマリンブルーの海で知られる高浜海水浴場は「日本の渚百選」と「快水浴場百選」にダブル選定された五島を代表するビーチ。東シナ海に沈む夕日が美しいスポットでもある。

☎0959-84-3163（五島市三井楽支所）
⑰五島市三井楽町貝津1054-1
㊋福江空港から車で45分 Ｐあり

↑美しい遠浅のビーチ。嵯峨ノ島を望める

堂崎天主堂
どうざきてんしゅどう
福江島 MAP 付録P.10 B-3

五島最古の洋風天主堂で初のキリシタン資料館

明治12年（1879）、禁教令解除後に五島列島で初めて建てられた天主堂。現在の天主堂は明治41年（1908）の建立で布教の拠点となった。内部では潜伏キリシタン時代の資料を展示。

☎0959-73-0705（資料館） ⑰五島市奥浦町堂崎2019 ㊋9：00〜17：00（夏休み期間は〜18：00、11月11日〜3月20日は〜16：00）㊡無休 ㉾300円 ㊋福江空港から車で30分 Ｐあり

↑船でミサに訪れる信者のため、海に向かって建てられた

江上天主堂
えがみてんしゅどう
〔世界遺産〕
奈留島 MAP 付録P.10 B-3

手描きの花の絵にも注目したいパステルカラーの教会

鉄川与助の設計で大正7年（1918）に建立した木造建築の教会。クリーム色の壁と水色の窓枠が印象的だ。窓ガラスや柱にある花の絵は、信徒の手描きによるもの。

☎095-823-7650（長崎と天草地方の潜伏キリシタン関連遺産インフォメーションセンター）⑰五島市奈留町大串1131 ㊋9：00〜16：00 ㊡月曜（祝日の場合は翌日）㊋奈留港から車で20分 Ｐあり

⇒湿気の多い場所にあるため、高床式になっている

要事前連絡

旧五輪教会堂
きゅうごりんきょうかいどう
〔世界遺産〕
久賀島 MAP 付録P.10 B-3

こぢんまりとたたずむ貴重な明治初期の木造建築教会

浜脇教会として明治14年（1881）に久賀島で最初に建てられた教会が昭和6年（1931）に移築。民家のような素朴な造りの外観と、装飾の少ない堂内が明治初期の教会建築の特徴。

☎095-823-7650（長崎と天草地方の潜伏キリシタン関連遺産インフォメーションセンター）⑰五島市蕨町993-11 ㊋見学自由（火〜日曜の8：30〜12：00、13：00〜16：30は教会守が駐在）㊋田の浦港から車で30分の駐車場から徒歩10分 Ｐあり

⇒解体の危機もあったが、住民たちの要望により保存されることになった

要事前連絡

↑横町口蹴出門(揚手門)と石垣
↑五島高校の入口になる横町口蹴出門
↑天守閣を模した「五島観光歴史資料館」

福江城跡
ふくえじょうあと
福江島 MAP 付録P.10 C-4

江戸幕府最後を飾る日本最後の海城跡

幕末、外国船防衛対策として築城された三方を海に囲まれた海城跡。明治に移って解体され、現在は蹴出門と石橋、城壁、濠が残る。二の丸跡に観光歴史資料館が建つ。

☎0959-74-2300(五島観光歴史資料館) 所五島市池田1-1 営9:00～17:00(6～9月は～18:00、入館は30分前まで) 休無休 料300円(五島観光歴史資料館) 交福江港から徒歩5分 Pあり

↑外敵に備えて築いた石垣塀が残る

福江武家屋敷通り
ふくえぶけやしきどおり
福江島 MAP 付録P.10 C-4

往時のたたずまいを残す石垣塀が続く風情ある街並み

江戸時代、福江城の近辺には武家屋敷が立ち並び城下町を築いていた。往時のまま残る石垣塀はこぼれ石という丸い小石を上に積んで造ってあり、外敵の防御にこの石を使ったという。

☎0959-72-2963(五島市観光協会) 所五島市東浜町2-3-1 交福江港から徒歩10分 P福江武家屋敷通りふるさと館駐車場利用

立ち寄りスポット

名産をおみやげに
福江港ターミナル 五島市観光協会売店
ふくえこうターミナル ごとうしかんこうきょうかいばいてん

五島の海の玄関口でもある福江港ターミナルにあるショップ。椿製品にサンゴ製品、五島うどん、かんころ餅など五島の名産が揃う。

福江島 MAP 付録P.10 C-4
☎0959-72-2963(五島市観光協会) 所五島市東浜町2-3-1 福江港ターミナル内 営8:30～16:50 休1月1・2日 P福江港駐車場利用(1時間無料)

↑観光案内所も隣接
→五島の定番みやげ、椿油

看板娘のアイスが人気
BABY QOO
ベビークー

看板娘のおばあちゃんが出迎える堂崎天主堂すぐそばのアイスクリーム屋。同敷地内で1日1組限定の民泊「堂崎家」も。

福江島 MAP 付録P.10 B-3
☎090-8765-3581 所五島市奥浦町堂崎1997 営9:00～18:00 休不定休 Pあり →チリンチリンアイス 300円～

下五島

大瀬崎断崖
おおせざきだんがい
福江島 MAP 付録P.10 A-4

東シナ海の荒波がつくり出した断崖絶壁の大パノラマ

福江島の西の果て、東シナ海に突き出した断崖絶壁で、高さ150m、長さ20kmにもおよぶ九州随一の景勝地。

→九州本土で最後に日が沈むところとしても有名

☎0959-87-2211(五島市玉之浦支所) 所五島市玉之浦町玉之浦 交福江港から車で1時間 Pあり

教会を巡り、自然の景観を堪能
上五島
かみごとう

手つかずの自然のなかに多くの教会がたたずむ上五島。断崖や海岸線がつくる景観と教会巡りの旅を楽しみたい。

↑中通島と若松島を結ぶ若松大橋

自然が広がる島に建つ教会堂の美しい姿が見どころ

上五島は7つの有人島と60の無人島からなり、主な島は中通島と若松島。両島は若松大橋で結ばれており、ドライブでひとめぐりすることができる。いちばんの見どころは点在する世界遺産の教会堂を含む29の教会群。島々は西海国立公園に指定されており、断崖と入り組んだ海岸がつくる美しい景色も必見だ。

郊外へ ● 五島列島

矢堅目公園
やがためこうえん
中通島 MAP 付録P.10 C-2

奇岩が印象的な展望公園は東シナ海を見渡す眺望スポット

大海原のパノラマとアニメの「トトロ」に似ていると話題の奇岩「矢堅目」を望む展望所。海と空を刻々とオレンジ色に染め上げる夕景もおすすめ。

☎0959-42-0964(新上五島町観光物産協会)
所 新上五島町網上郷矢堅目
料 見学自由
交 有川港から車で25分 P あり

↑矢堅目の岩越しに沈むサンセットビュー

130

大曽教会
おおそきょうかい
中通島 MAP 付録P.10 C-2

個性的な装飾を施した重厚なレンガ造りの教会

5つの集落の信徒が資金を集め、大正5年（1916）に鉄川与助が建立。八角形のドーム屋根に、色の異なるレンガを配した壁面や独特のステンドグラスの意匠が特徴的。

☎なし
所新上五島町青方郷2151-2
交上五島空港から車で40分
Pあり

→重厚感のあるレンガ造りの建物。正面にはイエス像

旧鯛ノ浦教会堂
きゅうたいのうらきょうかいどう
中通島 MAP 付録P.10 C-2

浦上天主堂の被爆レンガが使われた鐘楼が建つ

明治36年（1903）建造の木造瓦葺きの建物で、鐘楼は戦後、浦上天主堂の被爆レンガを使用。旧聖堂は子どもたちの勉強の場として利用され、信徒の奉仕で完成したルルドの泉がある。

☎なし
所新上五島町鯛ノ浦326
交上五島空港から車で50分

→塔は戦後に増築された

中ノ浦教会
なかのうらきょうかい
中通島 MAP 付録P.10 C-3

静かな入り江に建つ白い教会は絵画のような美しい風景

大正14年（1925）の建立。信者たちの「五島でいちばん美しい聖堂を造りたい」という想いを形にしたという。堂内のバラのような花模様も、入り江の水面に映る教会の姿も美しい。

☎なし
所新上五島町宿ノ浦郷中ノ浦
交上五島空港から車で50分 Pあり

→水面に映る姿が美しい

冷水教会
ひやみずきょうかい
中通島 MAP 付録P.10 C-2

対岸に建つ教会に通った信徒が待ち望んだ信仰の場

明治40年（1907）、鉄川与助が初めて手がけた木造教会で、白い下見板張りの外観がやさしい印象。かつて教会がない時代、信徒たちは対岸にある青砂ヶ浦天主堂までミサに出かけていた。

☎なし
所新上五島町網上郷623-2
交有川港から車で15分
Pなし

→屋根は単層で、八角の塔がある木造教会

要事前連絡
→信者が近くの石を切り出し、積み上げた

頭ヶ島天主堂
かしらがしまてんしゅどう
頭ヶ島 MAP 付録P.10 C-2
世界遺産

石造りの堂々としたたたずまいと華やかな雰囲気の内部が印象的

大正8年（1919）、鉄川与助の設計のもと、迫害が終わり島に戻ってきた信者たちが建てた石造りの教会。堂内の天井や壁にあしらわれた花柄模様の装飾にも注目したい。

☎095-823-7650（長崎と天草地方の潜伏キリシタン関連遺産インフォメーションセンター）
所新上五島町友住郷頭ヶ島638 開9:00〜18:00 休無休 交上五島空港からシャトルバスで7分 P上五島空港駐車場利用

青砂ヶ浦天主堂
あおさがうらてんしゅどう
中通島 MAP 付録P.10 C-2

万華鏡のようなステンドグラスが堂内を美しい色合いに染める

明治43年（1910）の建立時、信徒が総出で海岸から丘の上までレンガを運んだという。その赤レンガの外壁に瓦葺き屋根の重層構造建築で、バラや桜などが描かれた色彩豊かなステンドグラスが名高い。

☎0959-52-8011
所新上五島町奈摩郷1241 料拝観自由（ミサ、冠婚葬祭時は不可）
休無休 料無料
交有川港から車で20分
Pあり

→レンガ造りの外観には、石材で装飾を施している

上五島

世界遺産を海上タクシーで巡礼

五島列島キリシタン物語〜縦断クルーズ編〜
ごとうれっとうキリシタンものがたり〜じゅうだんクルーズへん〜
世界文化遺産に登録された五島列島の旧五輪教会堂（P.128）、江上天主堂（P.128）、キリシタン洞窟（P.132）など航路でしかうかがえない教会や史跡を巡る。

福江島（下五島）
MAP 付録P.10 C-4
☎0959-72-2173（五島バス観光課）※出発の1週間前の12:00までに要予約
運航時間 土・日曜、祝日運航
福江発コース 13:00発
（福江港〜若松港または五島うどんの里着）
所要時間 約4時間
料 1万2000円、小学生1万円

→2名から催行する

→現地の巡礼ガイドによる教会の歴史や建築などの説明付き

キリシタン洞窟
キリシタンどうくつ
若松島 MAP 付録P.10 C-3

船でしか行けない
信徒が隠れ住んだ洞窟跡

明治初めの五島崩れの際、迫害を逃れて船でしか行けない険しい断崖の洞窟に隠れた跡が残る。この洞窟はのちにキリシタンワンドと呼ばれ、十字架と3mのキリスト像が立つ。

↑迫害に遭った信徒たちは洞窟に隠れて信仰を守った
☎0959-42-0964(新上五島町観光物産協会) 所新上五島町若松郷 交キリシタン洞窟クルーズを利用 Pなし

地元の船で洞窟へアクセス
若松港を出航、険しい断崖のある海岸に上陸し、洞窟内を見学。船内から桐教会など島々の絶景が楽しめる。

キリシタン洞窟クルーズ
キリシタンどうくつクルーズ
若松島 MAP 付録P.10 C-3
☎0959-44-1762(祥福丸)
☎0959-46-2020(せと志の) ほか
※前日までの予約が望ましい
運行時間 要問い合わせ 所要時間 約1時間
料8000円(2名まで、要確認)

坂本龍馬ゆかりの広場
さかもとりょうまゆかりのひろば
中通島 MAP 付録P.10 C-2

同志が遭難した沖合に向かって
龍馬像がまなざしを向ける広場

坂本龍馬がグラバーから購入したワイル・ウエフ号という船が、暴風雨に遭遇し、池内蔵太ほか12名の同志が命を落とす。療養中の龍馬が鹿児島から駆けつけ、土地の庄屋に自分で書いた碑文とお金を渡し、慰霊碑の建立を依頼したといわれている。

☎0959-42-0964(新上五島町観光物産協会)
所新上五島町エノ浜郷
交有川港から車で20分 Pあり

↑潮合崎に向かって「五島祈りの龍馬像」が立つ

鯨賓館ミュージアム
げいひんかんミュージアム
中通島 MAP 付録P.10 C-2

鯨と捕鯨に関する資料が揃う
ミンククジラの骨格標本も見もの

江戸時代から有川湾では捕鯨が盛んに行われていた。その歴史をはじめ、捕鯨の道具、鯨の生態などに関する展示が見られる。ミニシアターでは鯨が泳ぐ様子に癒やされる。

☎0959-42-0180 所新上五島町有川郷578-36 有川港多目的ターミナル 時9:00〜17:00 休12月29日〜1月3日 料210円
交有川港からすぐ Pなし

↑1階は鯨関連、2階は第50代横綱佐田の山関の資料を展示

↑鯨の生態コーナーでは100分の1の模型を展示

交通 information

島内の移動
路線バスも走っているが住民用で本数も少なく、観光には不向き。島内移動は車移動が便利なので、移動手段はレンタカーかタクシーを使うのが一般的。レンタカーは空港や港で借りられる。島内の観光スポットを巡るならタクシーをチャーターするとよい。

蛤浜
はまぐりはま
中通島 MAP 付録P.10 C-2

どこまでも続く遠浅の海で
穏やかな一日を過ごしたい

遠浅の海が美しく、浜にはビーチハウスやシャワーが完備されている。海開きのイベント「蛤浜で遊ぼデー&白砂の芸術祭」は多くの人で賑わう。

☎0959-42-0964(新上五島町観光物産協会) 所新上五島町七目郷 蛤
交有川港から車で15分 Pあり

立ち寄りスポット

古くから伝わる五島の味
五島うどんの里
ごとううどんのさと

五島手延うどんをはじめとした特産品などの、買い物ができる施設。食事処「うどん茶屋遊麺三昧」では五島うどんが味わえる。

中通島 MAP 付録P.10 C-2
☎0959-42-2655(五島手延うどん協同組合)
所新上五島町有川郷428-31 時8:30〜17:00、遊麺三昧11:00〜14:00(LO)
休不定休 交有川港から徒歩3分 Pあり

↑五島の観光物産コーナーもある

↑五島の家庭料理「地獄炊き定食」1130円

温泉もある静かな島で
身も心も解放

おしゃれにリゾートステイ

海を越えてやってきた島旅だから、日常のことなどすっかり忘れてリゾートホテルに滞在したい。

**白を基調としたオーベルジュは
地物食材のイタリアンが評判**

五島列島リゾートホテル
MARGHERITA
ごとうれっとうリゾートホテル マルゲリータ

中通島 MAP 付録P.10 C-2

長崎の西約100kmにある五島列島の中通島の丘に建つリゾートホテル。元国民宿舎を全面改築し、温泉スパを備えた癒やしのリゾートが誕生した。レストラン「空と海の十字路」では、五島の魚介や野菜、それに絶品の五島牛を使ったイタリアンを満喫できる。

☎0959-55-3100
⌂新上五島町小串郷1074
🚗有川港／鯛ノ浦港から車で30分(無料送迎あり、要問い合わせ)　Pあり　in15:00　out10:00
🛏29室(全室禁煙)　予算1泊2食付1万9950円～

お食事information

絶品、五島牛がいただける
レストラン「空と海の十字路」では五島牛を取り入れたコースが味わえる。

予約 可
予算 ⓛ1000円～
　　 ⓓ7480円～

1.客室はスーペリア、デラックス、スイートの全29室。修道院をイメージした清楚でクラシカルな内装だ　2.2階までの吹き抜けがあるロビーは自然と一体となるような大空間　3.レストランは地元で揚がる新鮮な魚介料理が充実　4.海に臨む高台に建つ

上五島

**大自然、美酒、温泉が揃う
至福の安らぎの里**

五島コンカナ王国
ワイナリー&リゾート
ごとうコンカナおうこく ワイナリー&リゾート

福江島 MAP 付録P.10 B-4

福江島にある広大なリゾート。天然の湯が湧く鬼岳温泉、プールやエステルーム、ブドウ栽培と醸造を行う「五島ワイナリー」、レストランなどが立ち並び、非日常の休日を満喫できる。

☎0959-72-1348
⌂五島市上大津町2413　🚗福江港から車で15分／福江空港から車で5分(無料送迎あり)
Pあり　in15:00　out11:00　🛏46室
予算1泊2食付1万5000円～

1.コテージタイプの客室。全46室ともリゾート感が高いインテリアだ　2.敷地内に2つのレストランがあり、五島の魚介や名物・五島牛などを存分に楽しめる　3.五島特産の天然椿オイルを使ったエステも好評　4.明るい日の光が差すレストランで、五島の食材をふんだんに使った食事をいただく

牛が草を食む風景と「なにもない贅沢」の島
宇久・小値賀
うく・おぢか

島を歩けば牛がゆったりと道を横切る。かつての日本の風景を残した、素朴な"島暮らし"を体験できる五島列島北東の島々。

懐かしい日本の原風景に出会い自然のなかで生活体験

火山の噴火でできた小値賀島は、農耕に適した平地に恵まれ、定住する人々が集落を築いてきた。日本の原風景に出会える島として注目されている。のどかな自然と素朴な田舎暮らしを体験できる古民家ステイというスタイルの滞在も可能。さらに北、五島列島の最北端にある宇久島には、数々の絶景スポットがある。

旧野首教会
きゅうのくびきょうかい
野崎島 MAP 付録P.10 C-1
【世界遺産】

鹿が悠然と歩く島の丘で海と信者を見守り続ける教会

今はほぼ無人となった野崎島の17世帯の信者たちが貧しい暮らしのなかで費用を捻出し、明治41年（1908）に鉄川与助に依頼して建てたレンガ造りの教会。野崎島への渡航には、事前に連絡が必要。

☎0959-56-2646（おぢかアイランドツーリズム）
所 小値賀町野崎郷　交 小値賀港から町営船「はまゆう」で35分、野崎港下船　P なし
【要事前連絡】

【鉄川与助による設計】

©おぢかアイランドツーリズム

↑深さ3m、口径2mの穴に直径50cmの玉石が

ポットホール
斑島 MAP 付録P.10 C-1

天然記念物に指定される自然が生み出した不思議な玉石

岩の割れ目に入った石が長年波に洗われて玉石のように磨かれたもののこと。竜の目ともいわれる。

☎0959-56-2646（おぢかアイランドツーリズム）
所 小値賀町斑島郷
交 小値賀港から車で25分　P あり

野崎島で自然体験

小値賀島の隣に位置する野崎島の、閉校になった校舎を簡易宿泊や子どもたちの野外学習の休憩施設として利用している。

野崎島自然学習村
のざきじまぜんがくしゅうそん
野崎島 MAP 付録P.10 C-1

☎0959-56-2646（おぢかアイランドツーリズム）
所 小値賀町野崎郷　料 日帰り入村料1000円、宿泊料3850円〜（小学生以下半額）　交 小値賀港から町営船「はまゆう」で35分、野崎港下船　P なし

長崎鼻
ながさきばな
小値賀島 MAP 付録P.10 C-1

ダイナミックな景色を背景に牛がのんびり過ごすのどかな岬

島内北部の一面に草原が広がる岬。小値賀島は牛の放牧が盛んで、この岬も放牧地として知られている。

☎0959-56-2646（おぢかアイランドツーリズム）
所 小値賀町柳郷
交 小値賀港から車で15分　P あり

↑草原の緑と海原の青の組み合わせが美しい

●問い合わせ
おぢかアイランドツーリズム
小値賀島 MAP 付録P.10 C-1

☎0959-56-2646　所 小値賀町笛吹郷2791-13 小値賀港ターミナル内　営 9:00〜18:00　休 無休　ojikajima.jp

↓野生のニホンジカ400頭が生息（下）。段々畑跡に旧野首教会と旧校舎（右）

郊外へ●五島列島

134

小値賀の古民家ステイ

離島ならではの時間の流れに身を任せてのんびり過ごす

近年注目を集めている古民家ステイ。東洋文化研究者のアレックス・カー氏が改修を手がけた古民家が話題に。

古民家ステイとは？
島ならではののんびりした旅を楽しむ「島旅」で、改修して過ごしやすくした古民家を宿泊施設として利用する滞在が新しい宿泊スタイルとして人気を集めている。なかには築100年を超す家もあり、趣のある空間で歴史を感じたい。

港に面した高台に建つ のんびりと過ごしたい宿

日月庵
にちげつあん

小値賀島 MAP 付録P.10 C-1

港を見下ろす古き良き「島の家」の趣を残しつつ、居住スペースには快適設備を備えた宿。和モダンなインテリアも素敵。定員は2名。

☎0959-56-2646
(おちかアイランドツーリズム)
所 小値賀町笛吹郷2791-13　交 小値賀港から徒歩5分(小値賀港ターミナルから送迎あり)　P あり　IN 14:00　OUT 11:00
予約 素泊まり1泊1名1万5400円〜(人数、時期により異なる。連泊割引あり)

1. 港越しに日の出、日の入りが望めるリビング　2. モダンなデザインのキッチン　3. のびのびと過ごせる和室。港から聞こえる汽笛の音も心地よい　4. 日の出、月の出を眺められるところから、日月庵と名がついた。古民家「鮑集(ほうしゅう)」が隣にあり、グループ利用も可能　5. バスタイムは檜風呂でリラックス

アトリエがある古民家 自由に使える120㎡の広さ

一期庵
いちごあん

小値賀島 MAP 付録P.10 C-1

約10畳のアトリエ、2階の和室など、多様な滞在ができる広さが魅力。古き良き日本の民家に時折織り込まれる西洋的感性が楽しい。定員は3名。

☎0959-56-2646
(おちかアイランドツーリズム)
所 小値賀町柳郷　交 小値賀港から車で15分　P あり　IN 14:00
OUT 11:00　予約 素泊まり1泊1棟1名1万5950円〜(人数、時期により異なる。連泊割引あり)

1. 現代的な美しさと懐かしさが同居する土間　2. 目線が下がるため6畳の掘り座敷は広く感じられる　3. 静かな時が流れる。古民家「一会庵」が隣接　4. 三方が開口部で開放感があるアトリエ

宇久・小値賀

爽やかな海風の吹く港町と景勝地
佐世保 させぼ

絶景、教会、三川内焼の陶磁器と佐世保には、旅人を飽きさせない魅力が凝縮。散策で港町風情を満喫したあとは、名物グルメを楽しみたい。

⬆弓張岳(ゆみはりだけ)展望台から佐世保の港と街並みを見渡す

防衛の拠点として栄えた港湾都市 自然豊かで風光明媚な一面も

明治期に鎮守府が置かれて以降、海上防衛の要衝として栄えてきた佐世保。そのため港には多彩な艦船が停泊し、造船所が開かれるなど、ユニークな景観が広がっている。米海軍基地もあり、佐世保バーガーや英語の飛び交う外国人バーなどアメリカンな雰囲気が楽しめる店も多い。一方、自然が豊かで美しいエリアでもある。九十九島の眺望、眼鏡岩など絶景ポイントの宝庫だ。県内一の人気を誇るテーマパーク「ハウステンボス」(P.116)もこのエリア。

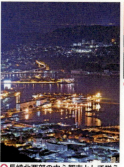
⬆長崎北西部の中心都市として栄えており、港とビルが織りなす夜景も楽しめる

⬆展海峰から観た九十九島。サンセットを目指して訪れる人も

海から間近に艦船ウォッチ

米海軍と海上自衛隊のさまざまな施設や艦船、さらには旧海軍工廠の造船所・佐世保重工業などをクルーズ船で巡る。所要60分、要予約。

SASEBO軍港クルーズ ©SASEBO
サセボぐんこうクルーズ
MAP 付録P.13 F-3
☎0956-22-6630(佐世保観光情報センター)
所 佐世保市三浦町21-1 JR佐世保駅構内
催行日 3月頃〜12月下旬の土・日曜、祝日 休 荒天時
料 2000円 交 JR佐世保駅からすぐ P あり(有料)

交通 information

佐世保へのアクセス

●電車
長崎駅 → JR快速シーサイドライナーで2時間10分 → 佐世保駅

●バス
長崎駅前 → 長崎県営バス/西肥バスで1時間30分 → 佐世保バスセンター

●車
長崎空港 → 県道38号15分 → 大村IC → 長崎道20分 → 武雄JCT → 西九州道25分 → 佐世保中央IC
長崎市街 → ながさき出島道路10分 → 長崎IC → 長崎道45分 → 武雄JCT

一面の花と島々が浮かぶ海
美しい眺望に癒やされる

展海峰
てんかいほう

九十九島を望む展望スポット。春（3月下旬～4月上旬）と秋（10月上旬～中旬）には、各15万株の菜の花、コスモスで彩られる花の名所でもある。

MAP 付録P.12 B-2
☎ 0956-22-6630（佐世保観光情報センター）
所 佐世保市下船越町399
交 佐世保中央ICから車で20分 P あり

↑満開時には一面にピンクのグラデーションが広がる

↑俵ヶ浦（たわらがうら）半島中央部の高台にあり、九十九島を180度の大パノラマで楽しめる

九十九島を見渡す
パノラマビュー

石岳展望台
いしだけてんぼうだい

標高191m。360度の眺望が楽しめ、眼前に迫った海に島々が浮かぶ景色は見事。ことに夕景の美しさは見逃せない。

MAP 付録P.12 B-2
☎ 0956-22-6630（佐世保観光情報センター）
所 佐世保市船越町2277　料 入場自由
交 佐世保中央ICから車で7分 P あり

↑映画『ラストサムライ』冒頭のロケ地にもなった

現在の佐世保港を一望し
海上防衛の歴史を知る

海上自衛隊
佐世保史料館
かいじょうじえいたいさせぼしりょうかん

日本海軍の草創期である咸臨丸（かんりんまる）や三笠の時代から現在の海上自衛隊にいたるまでの歴史や活動に関する資料や映像を展示。

MAP 付録P.13 D-2
☎ 0956-22-3040　所 佐世保市上町8-1
営 9:30～17:00（入館は～16:30）
休 第3木曜　交 佐世保中央ICから車で1分
P あり

↑愛称のセイルタワーは、帆船の帆を模した形状から命名

↑↑真っ白な船体のパールクィーンで、島々の間を縫うように遊覧する。船内はバリアフリー

全方位から海を楽しむリゾートパーク
「海きらら」のイルカプログラムは必見

九十九島パールシーリゾート
くじゅうくしまパールシーリゾート

水族館でイルカやクラゲを観察したり、遊覧船やヨット、カヤックで船上からアプローチしたりとさまざまな角度から九十九島の海が楽しめる。ショップやレストランも充実。

MAP 付録P.12 A-1
☎ 0956-28-4187
所 佐世保市鹿子前町1008
料 施設により異なる　休 無休
交 佐世保中央ICから車で7分
P あり

注目ポイント

九十九島水族館 海きらら
給餌の様子、水族館の裏側などをスタッフの解説で見学したり真珠の玉出しをしたりと、体験プログラムも充実。

立ち寄りスポット

海上に浮かぶ
風情あるカキ小屋

マルモ水産
海上カキ焼小屋
マルモすいさんかいじょうカキやきごや

MAP 付録P.12 B-2

イカダ桟橋の上に建てた小屋でカキを食す。炭火で焼いた水揚げしたてのカキは絶品。

↑小ぶりだが、旨みと栄養がぎっしり詰まっている

☎ 0956-28-0602　所 佐世保市船越町944　営 9:00～17:00
休 不定休　交 佐世保中央ICから車で11分 P あり

GOURMET 食べる

予約 可
予算 ⓁⒹ 1500円～

ジュ～ッと焼きたてが登場する名物！レモンステーキの専門店
レモンド・レイモンド

🗺 MAP 付録P.13 E-2

佐世保のご当地料理、レモンステーキの専門店。米海軍の軍人をはじめ、アメリカ人たちが食べていたステーキを日本人の口に合うようアレンジしたもので、醤油ベースの和風ソースにレモンの風味が食欲をそそる。残ったソースをご飯に絡めて食べると美味。

☎ 0956-59-8959
所 佐世保市上京町6-6 1F
営 11:30～14:30 17:30～22:00（金・土曜は～24:00）休 火曜
交 松浦鉄道・佐世保中央駅から徒歩3分 Ⓟ なし

レモンステーキ 1320円～
薄切りでもふんわりやわらかい国産牛のサーロインを使用。牛タン、アンガス牛などのレモンステーキも選べる

↑木を多用したカジュアルな店内。ほかにカウンター席がある　↑四ヶ町アーケードの裏手にある佐世保でも数少ない専門店

郊外へ ● 佐世保

佐世保の名物を集めました
食の執着、ご立派！

軍港として栄え、アメリカの空気を感じられる街・佐世保。街の雰囲気だけでなく食文化にも表れた独特な異国情緒もまた楽しい。

入港ぜんざい 432円
ふっくら炊けた小豆がほどよい甘さ。大ぶりのやわらかい餅が入っておやつにちょうどよい

予約 可
予算 Ⓛ 800円～ Ⓓ 1000円～

素朴な甘さにホッとする軍港の街のご当地スイーツ
カレー&手作りケーキの店 ブラック
カレー&てづくりケーキのみせ ブラック

🗺 MAP 付録P.13 F-3

旧日本海軍は母港への入港前日、船の中でぜんざいを振る舞ったといわれる。軍港として栄えた佐世保でもご当地グルメとしてメニューに載せる店が多い。ここでは大ぶりの餅が入ったぜんざいが24時間味わえる。

↑開店40年以上の老舗喫茶で激辛カレーが有名。食事にお酒に24時間利用できる

☎ 0956-25-2595
所 佐世保市下京町3-4
営 24時間 休 不定休
交 JR佐世保駅から徒歩7分 Ⓟ なし

フルーツとソースが決め手 佐世保名物ジャンボシュー
レストラン蜂の家
レストランはちのや

🗺 MAP 付録P.13 E-2

昭和26年(1951)の創業時から提供する欧風カレーが全国的に知られる老舗。フランス料理に精通していた先代が考案したジャンボシュークリームも、当時珍しさから大ヒットして今も佐世保名物になっている。

☎ 0956-24-4522
所 佐世保市栄町5-9 サンクル2番館1F
営 11:30～21:00(LO20:30) 休 不定休
交 松浦鉄道・佐世保中央駅から徒歩3分 Ⓟ なし

予約 可
予算 Ⓛ 800円～ Ⓓ 1300円～

↑長崎県産の和牛を使ったサイコロステーキカレー 1430円

↑レモンステーキ 2178円をはじめ、洋食メニューも充実

ジャンボシュークリーム 550円
中はクリームとフルーツたっぷり。特製ソースをかけるとほろ苦さが加わり、別のおいしさに

佐世保バーガーの代表的な人気店
昭和26年創業の老舗は行列必至

ハンバーガーショップ
ヒカリ本店
はんばーがーしょっぷ ヒカリほんてん

MAP 付録P.13 D-2

「佐世保バーガー」はアメリカ仕込みのレシピをアレンジした当地を代表するグルメ。昭和26年(1951)創業のこの店は特注バンズに、自家製の焼きたてパティ、オリジナルマヨネーズを使う人気店。昔と変わらない味を守り続ける。

☎ 0956-25-6685
所 佐世保市矢岳町1-1
営 10:00〜20:00(LO19:45) 休 水曜
交 佐世保中央ICから車ですぐ P あり

↑テイクアウト客が多いが、イートインも可能。店内は昭和の雰囲気

↑全国から訪れるお客でいつも大賑わい。米海軍佐世保基地のそばにある

スペシャルバーガー 670円
店の一番人気。ベーコンにチーズ、エッグが入り、ボリューム満点

予約 可
予算 LD 820円〜

↑気さくなマスターと地元ネタや音楽談義で盛り上がれる

デレクライス 980円
ご飯の上にサルサソース、チーズ、ベーコンをのせてオーブンで焼いた店の名物

オリジナルのりピザ 1180円
アツアツのピザ生地に海苔をのせたシンプルな一品

音楽や地元ネタで盛り上がる
料理もうまい隠れ家的スポット

Jazz Bar&Restaurant
FLAT FIVE
ジャズ バー&レストラン フラット ファイブ

MAP 付録P.13 E-2

かつて外国人バーやクラブが全盛でジャズの音が絶えなかった佐世保では音楽好きが集まる店が多い。昭和創業のこの店はオーナーシェフの腕を生かした創作料理や魚料理が自慢。

☎ 0956-22-8100
所 佐世保市光月町2-3 新京ビル2F
営 18:00〜翌2:00(LO)
休 日曜(月曜が祝日の場合は日曜営業、月曜休)
交 松浦鉄道・中佐世保駅からすぐ P なし

予約 可
予算 D 2000円〜
※平常営業時は440円、スペシャルライブ時は2000円のチャージが必要

食の執着、ご立派！

東郷平八郎が英国を懐かしんだ
海軍さんのご馳走グルメ

白十字パーラー
はくじゅうじパーラー

MAP 付録P.13 E-2

佐世保鎮守府の司令長官だった東郷平八郎がイギリスで食べた味を再現したと伝わる「海軍さんのビーフシチュー」が評判。赤ワインに漬け込んだ牛バラ肉は、野菜の旨みが溶け込んだデミグラスソースが染みこみホロホロの食感。

☎ 0956-22-2831
所 佐世保市本島町4-19 2F
営 11:30〜17:00(LO16:00) 休 月2日不定休
交 松浦鉄道・佐世保中央駅から徒歩1分
P なし

↑1階は佐世保銘菓「ぽると」で知られる「ぽると総本舗 本島本店」

↑ステンドグラスやレンガをモチーフにしたレトロな雰囲気の店内

予約 可
予算 LD 1200円〜

**海軍さんの
ビーフシチュー
1298円**
トマトと玉ネギを煮込んだデミグラスソースはご飯と相性が良く、野菜がたっぷりとれて栄養バランスもいい。パンorライス付き

139

西海 （さいかい）

山海の恵みを生かしたグルメと絶景を堪能

新鮮な旬の食材が豊富で、予約を取るのも難しいほど人気のグルメスポットが点在。豊かな自然のエネルギーを食べて遊んでチャージしよう。

郊外へ◉西海

⬆新西海橋（奥）とアーチ型の西海橋（手前）、高くそびえるのは針尾送信所の電波塔

⬅西海橋公園にはさまざまな遊具も　⬆ボートやフィッシングも楽しめる

絶景スポットに絶品グルメを満喫
ハウステンボスから10分で別世界へ

　長崎市と佐世保市の中間に位置する西海市は、美しい海岸線が続く自然美豊かなエリア。針尾瀬戸をまたぐ2つの西海橋や、その両端の県立西海橋公園、動物と直接ふれあえる長崎バイオパークなど、見どころが点在。また地産の新鮮食材を使ったグルメも味わえる。ハウステンボスから車でわずか10分なので気軽に訪れてみたい。

ACCESS
長崎市街から車で約1時間10分。ハウステンボスからは車で約10分。佐世保市から車で約40分。佐世保港からは船も出ており、所要約15分（航路によって変動あり）。1日11便（日曜、祝日は9便）。

トマトファームで収穫体験

極限まで水を与えずに育てることでまるで果物のように甘く濃縮された味わいに育つ大島トマトの収穫を体験することができる。

大島トマト農園
おおしまトマトのうえん
MAP 付録P.12 A-3

☎0959-34-5191（大島造船所農産グループ）
🏠西海市大島町内浦　📅2月中旬～5月GWの土・日曜、祝日 9:00～15:00　期間中無休　料300円（持ち帰りは1kg1300円）
🚃JRハウステンボス駅から車で35分　Ｐあり

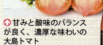
⬆甘みと酸味のバランスが良く、濃厚な味わいの大島トマト

⬆糖度8％以上の大島トマトをまるごと搾った無添加トマトジュース1000mℓ2500円

さわったりエサやり体験もできる
動物を間近に感じる楽園
長崎バイオパーク
ながさきバイオパーク

動物たちにさわったり、エサやりをしたりして直接ふれあうことができる動物園。一部の動物を除いて檻がない「生態展示」方式を採用、各動物たちのゾーンでは、その動物のエサを販売している。哺乳類のほか鳥類や爬虫類、昆虫などがいる。

MAP 付録P.12 C-4
☎0959-27-1090
所 西海町西彼町中山郷2291-1
営 10:00～17:00 休 無休 料 1700円
交 JRハウステンボス駅から車で25分 P あり

クロキツネザル
放し飼いの群れが園内を自由に動きまわる。手のひらにエサを置いて差し出すと、直接食べてくれる。

カピバラ
人によく慣れており、体を撫でてあげるとゴロンと横になる。露天風呂に入る光景は園の冬の風物詩になっている。

オオカンガルー
頭からしっぽの先まで最大2m以上になることもある。エサやり体験などでふれあおう。

◆岩山に暮らすラマは園のシンボル

立ち寄りスポット

洗練された空間で愉しむ
地元食材の旬の饗宴
レストラン オリーブ

MAP 付録P.12A-3

西海市の大島にある「オリーブベイホテル」内にあるレストラン。自然光がやさしく差し込む店内は開放的。地元大島の海や山の食材をふんだんに使った料理は、味覚だけでなく視覚でも楽しめる。

☎0959-33-9011（レストランオリーブ直通）
☎0959-34-5511（オリーブベイホテル）
所 西海市大島町1577-8
営 7:00～9:30（LO 9:00）
11:30～14:30（LO14:00）
17:30～21:30（LO 21:00）
休 無休 交 佐世保新みなとターミナルから大島行き高速船で23分、大島港から徒歩10分（無料送迎あり、要予約）P あり
ホテルデータ ➡P.155

予約 可（前日まで）
予算 B 2732円
　　 L 3025円
　　 D 1万4256円～

◆◆地元の新鮮な魚介や野菜のほか、県産の和牛など選び抜いた食材を使用。地元食材を存分に味わえる

森の中にひっそりとたたずむ
隠れ家のようなオーベルジュ
オーベルジュ あかだま

MAP 付録P.12A-4

地元大島や長崎西海の新鮮で安心な食材を使った創作フレンチを堪能できる。宿泊は1日4組限定、予約をすれば食事のみの利用も可。

☎0959-34-2003
所 西海市大島町寺島1383-4
営 18:00～21:00（LO19:30）休 不定休 交 JRハウステンボス駅から車で30分 P あり
◆木々に囲まれ木洩れ日が心地よい

HOTEL DATA
in 15:00 out 10:00
室 4室 予算 1泊2食付2万2000円～

◆島の新鮮食材を使った絶品フレンチ。予約必須の人気店

予約 要
予算 D 8800円～

西海

南蛮貿易で栄えたエキゾチックな城下町

平戸 ひらど

密かに継承してきたキリシタン文化と、城下町として栄えた時代の面影が、今なお色濃い平戸の時空を旅する。

郊外へ●平戸

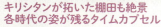
キリシタンが拓いた棚田も絶景
各時代の姿が残るタイムカプセル

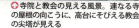
↑寺院と教会の見える風景。連なる寺の屋根の向こうに、高台にそびえる教会の尖塔が見える

↑鮮やかなモスグリーンの外観が印象的

丘の上に建つ教会
聖堂脇にはザビエル像を建立

平戸ザビエル記念教会
ひらどザビエルきねんきょうかい

昭和6年(1931)に建設された教会で、昭和46年(1971)のザビエル記念像建立により、「聖フランシスコ・ザビエル記念聖堂」と呼ばれるようになり、近年、現在の名称に改めた。

MAP 付録P.11 D-2
☎0950-23-8600（平戸観光協会）
所平戸市鏡川町259-1 営内覧8:00〜16:00
休無休（ミサがある場合は見学不可）
料無料 交松浦鉄道・たびら平戸口駅から車で10分 Pあり

遣隋使、遣唐使の時代から交通の要所であった平戸だが、歴史上、最も強く脚光を浴びたのが南蛮貿易の時代。オランダやポルトガルなど欧州から人や文物が流入し、異国情緒とともにキリスト教が定着した。禁教令以降は平戸藩の城下町として栄えるなど、島にはさまざまな時代の香りが層をなして現代に残る。また、2018年7月には、「春日集落と安満岳」と「中江ノ島」が「長崎と天草地方の潜伏キリシタン関連遺産」(P.26)として、世界遺産に登録された。

日蘭貿易の象徴として栄えた
商館倉庫を忠実に再現

平戸オランダ商館
ひらどオランダしょうかん

長崎の出島以前に貿易の場として栄えた平戸のオランダ商館を復元。館内に当時の貿易品など史料を展示している。

MAP 付録P.11 E-2
☎0950-26-0636
所平戸市大久保町2477
営8:30〜17:30 休6月第3火・水・木曜
料310円 交松浦鉄道・たびら平戸口駅から車で15分 Pなし

↑寛永18年(1641)に取り壊された商館を復元

↑建物全体が橙色に染まる夕暮れどきに訪れるのもおすすめ

ACCESS

長崎駅からはバスで約3時間30分（佐世保駅で乗り換え）、車で約2時間。電車では、松浦鉄道・佐世保駅からたびら平戸口駅まで約1時間20分、駅から平戸市街までタクシーで10分ほど。

市街を一望する
藩主・松浦家の居城
平戸城
ひらどじょう

享保3年(1718)に5代藩主・松浦棟が幕府の許可を得て築いた平戸城を復元。現在、城内に平戸の歴史を物語る史料が数多く展示されている。

MAP 付録P.11 E-3
☎0950-22-2201 所平戸市岩の上町1458 時8:30～17:30 休12月30・31日 料520円 交松浦鉄道・たびら平戸口駅から車で10分 Pあり
※2021年3月まで改修工事のため休館(予定)

↑平戸城から望む平戸港

↑平戸藩との縁が深い山鹿流により建造。現在の城は昭和37年(1962)に平戸市が復元した

平戸の歴史を物語る
松浦家伝来の史料を展示
松浦史料博物館
まつらしりょうはくぶつかん

明治26年(1893)、平戸藩主・松浦家の邸宅として建てられた屋敷をそのまま博物館として利用している。

↑収蔵品は3万点以上にのぼる

MAP 付録P.11 E-2
☎0950-22-2236 所平戸市鏡川町12 時8:30～17:30 休無休 料600円 交松浦鉄道・たびら平戸口駅から車で15分 Pあり

「西の高野山」と称される
三重大塔が見事な寺院
最教寺
さいきょうじ

弘法大師の霊場でもあり、昭和63年(1988)に空海(弘法大師)の1150年御遠忌に建立された三重塔が見事。

MAP 付録P.11 E-4
☎0950-22-2469 所平戸市岩の上町1205 時8:30～17:00 休木曜 料400円 交松浦鉄道・たびら平戸口駅から車で10分 Pあり

↑高さ33.5mの塔から平戸市街地を一望できる

東洋でも指折りといわれる
田園に建つ大規模な教会
紐差教会
ひもさしきょうかい

ロマネスク様式の大きな教会で美しいアーチとステンドグラス、花柄の装飾など鉄川与助設計の特徴が見られる。キリスト教と日本の仏教的な空間が融合する印象的な教会。

MAP 本書P.2 C-2
☎0950-28-0168 所平戸市紐差町1039 時8:00(日曜11:00)～15:00 休無休(ミサや結婚式で見学不可の場合あり) 交松浦鉄道・たびら平戸口駅から車で30分 Pあり

↑八角ドームの鐘楼が荘厳

キリスト教信者が移住してきた田平地区

潜伏キリシタンの多かった長崎の出津(外海地区)や佐世保の黒島から、信者が移住してきた田平地区。世界遺産にも関連する、歴史的に重要なエリアだ。

田平天主堂
たびらてんしゅどう **要事前連絡**

MAP 本書P.3 D-1

八角形のドームの鐘塔と
本格的なリブ・ヴォールト天井

大正7年(1918)に鉄川与助の設計で完成。赤レンガにススを塗った黒レンガでの装飾など、与助のレンガ造り教会の最高峰とも。司祭館なども保存され、国の重要文化財に指定されている。

☎095-823-7650 (長崎と天草地方の潜伏キリシタン関連遺産インフォメーションセンター) 所平戸市田平町小手田免19 時9:00～17:00 休無休 交松浦鉄道・たびら平戸口駅から車で10分 Pあり

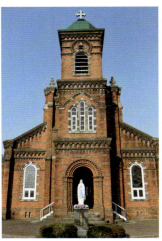
↑3層の塔屋と、一番上の八角ドームが特徴

伝統と確かな技術に裏打ちされた日常の美

波佐見 はさみ

波佐見焼のルーツは慶長(1596〜1615年)の時代にまで遡る。その伝統と実用性に宿る美しさが新たな脚光を集める陶器の街。

江戸の世から暮らしに欠かせぬ波佐見焼に機能美を見る

江戸時代、シンプルで丈夫な波佐見焼は庶民の日常になくてはならない日用品だった。その長い伝統と、現代の暮らしにも合う抑制のきいた美しさが今また脚光を浴び、産地、波佐見にも注目が集まっている。また、焼物に関するスポットのほかにも、棚田や桜、史跡に温泉と景勝や見どころは多い。

ACCESS
長崎駅からはJR快速シーサイドライナーで約1時間30分、川棚駅で西肥バスに乗り換えて約20分。車の場合は長崎自動車道、西九州自動車道経由で波佐見有田ICまで約55分、そこから5分ほどで市街に着く。

↩ 波佐見焼のことを知るなら、まずは波佐見やきもの公園を訪れたい

郊外へ ● 波佐見

ろくろや絵付け体験と展示見学
波佐見と世界の焼物を知る

波佐見やきもの公園
はさみやきものこうえん

陶器まつりや炎まつりの会場となる公園。波佐見焼の歴史や技術に関する展示見学や絵付け・ろくろ体験が可能な陶芸の館と、各時代に使われてきた世界各地の窯が見られる広場は一見の価値あり。

波佐見 MAP 付録P.14 A-4
☎ 0956-85-2290(波佐見町観光協会)
所 波佐見町井石郷2255-2
時 9:00〜17:00
交 波佐見有田ICから車で5分 P あり

↑ 中国やトルコ、イギリスなど、世界各地で使われてきた12の窯が見られる広場

季節により変化する景勝
日本の棚田百選のひとつ

鬼木棚田
おにきたなだ

虚空蔵火山の麓に広がる。石垣のあぜが曲線を描き、山々を背景に段々の田んぼが連なるさまが美しい。毎年9月には鬼木棚田まつりが催され大勢の人で賑わう。冬の雪景色も評判。

波佐見 MAP 付録P.14 C-3
☎ 0956-85-2290(波佐見町観光協会)
所 波佐見町鬼木郷
交 波佐見有田ICから車で20分
P あり

← 山から流れてくる豊富な水が田を潤す

散策前に立ち寄りたい
ギャラリー兼情報拠点
陶芸の里 中尾山
交流館・伝習館
とうげいのさと なかおやま
こうりゅうかん・でんしゅうかん

交流館では中尾山の16の窯元作品を展示・即売している。情報スペースも兼ねており、窯元めぐり前に立ち寄りたい。伝習館では陶芸づくり体験が泊まり込みでできる。

↑館内では中尾山の歩みを紹介。歴史的陶磁器も展示されている

波佐見 MAP 付録P.14 C-3
☎0956-85-2273（交流館）
所 波佐見町中尾郷157
営 9:00～17:00 休 火曜
交 波佐見有田ICから車で15分
P あり

↑お気に入りの作品を見つけて、窯元めぐりに出かけてみたい

風情ある建物で見つける
ぬくもりのある焼物
うつわ処・赤井倉
うつわどころ・あかいぐら

中尾山に残る明治時代の日本家屋をギャラリーとして利用。建物のたたずまいを楽しみながら、お気に入りの器を探そう。骨董品や掘り出し物もある。

波佐見 MAP 付録P.14 C-3
☎0956-85-3359
所 波佐見町中尾郷929
営 10:00～17:00 休 水曜 交 波佐見有田ICから車で15分 P あり

↑江戸末期の陶磁器卸商・奥川陶ゆかりの建物で国登録文化財

↑建物奥には風情ある庭園が。廊下にも骨董品が並ぶ

シンプルなのに個性的
日常を彩る器の数々
白山陶器本社
ショールーム
はくさんとうきほんしゃショールーム

暮らしになじみつつ、どこか個性的、窯元ならではのオリジナリティを大切にする白山陶器のショールーム。製造中の商品がほとんど揃う、ファン垂涎のスペース。

波佐見 MAP 付録P.14 C-4
☎0956-85-3251
所 波佐見町湯無田郷1334
営 9:00～16:00 休 木曜、第2日曜、ほか不定休あり 交 波佐見有田ICから車で10分 P あり

↑白山陶器は、数々のグッドデザイン賞やロングライフデザイン賞を受賞

波佐見

↑明治23年（1890）建築の建物。器の展示がセンスあふれる

↑ペアで使いたいマグカップ1個2530円

↑力強いフォルムの急須は土のぬくもりが感じられる。3520円

↑波佐見焼らしい染付けの八寸皿3080円

↑ゆるやかな曲線によるほどよい深みが使いやすく、ブルーの縞模様が爽やか。重ね縞1100～7150円

↑カラフルな色合いと平たい形状が独特な平茶碗。柄の種類も多様なので、家族で揃えても。各3300円

↑工場併設のショールームであればこその充実のラインナップ

↑墨色と白磁のコントラストが美しい。すみのわ汁碗1760円（左）、丼2640円（中）、小丼2200円（右）

145

SHOPPING 買う

花や自然をテーマにしたデザインと豊かな彩りが魅力（NISHIYAMA Gallery）

郊外へ ●波佐見

陶芸の里で出会うシンプルで美しい器や雑貨

暮らしに添えたい波佐見焼

庶民の器として古くから愛されてきた波佐見焼。お気に入りの一点を自宅にも。

波佐見焼とは？

慶長4年(1599)、藩主・大村喜前が朝鮮から連れ帰った陶工が造った登り窯がルーツ。巨大窯による大量生産能力、有田焼の下請けとしても知られる技術力、発注主の多様な要望に応える柔軟性で、昔も今も日常の暮らしを彩る食器として人気が高い。

NISHIYAMA Gallery
ニシヤマ ギャラリー
波佐見 MAP 付録P.14 B-2

カラフルに、ナチュラルに食卓に並べて楽しい器たち

創業150年を超えた陶磁器メーカーのギャラリー。自然をモチーフにした北欧風デザインや、赤や青、グレーなど鮮やかな色彩の器は幅広い世代に人気がある。シリーズものの限定色など、ここでしか手に入らない商品にも出会える。

☎0956-85-3024（西山本社）
⌂波佐見町折敷瀬郷1087　⏰10:00～17:00
休日曜　🚗波佐見有田ICから車で2分
🅿あり

●terraボーダーシリーズのボウル(L)1650円。マットな質感と、内側の鮮やかな色彩が印象的

●terraセルフルの25cmプレート3800円

●フォレッジビスクの18cmプレート1800円

●フロールシリーズのデザインは、大人の女性が森の中でゆっくりすることをイメージしている。ボウル1760円

●人気のデイジーシリーズ。18cmプレート1600円(上)とポット4200円(下)

●デイジーのグレーシリーズ。手前からマグカップ1800円、18cmプレート1600円、27cmプレート5000円、ポット4200円

ギャラリーとっとっと

波佐見 MAP 付録P.14 C-3

カンナを駆使した白磁で有名 一真窯のギャラリー

30種ものカンナを用い白磁にリズミカルな模様を刻むのが特徴。中で火を灯すと模様が透けるほどの繊細さで、一見シンプルな器に高度な職人技が宿る。創造力が刺激される器で、組み合わせやアイデアにより多彩に使えるのも魅力。

☎0956-85-5305（一真窯）
所 波佐見町中尾郷639-1
営 10:00～17:00
休 不定休
交 波佐見有田ICから車で15分 Pあり

↑白磁手彫りシリーズ 丸カップ1540円（上）、スクエア皿13.5cm 1650円～（下）

康創窯 Gallery SO
こうそうがま ギャラリー ソウ

波佐見 MAP 付録P.14 C-3

色彩で表現する器の美しさ 使うほどに愛着わく染付けも

伝統を大切にしながらも、現代の暮らしに合うエッセンスを加えたモダンな器づくりをめざす。緑やイエローなどのヴィヴィッドカラーシリーズは食卓に元気を届けてくれそう。オーソドックスな波佐見焼である染付けの器もある。

☎0956-85-7268
所 波佐見町永尾郷24-7
営 8:30～17:30 休 土・日曜、祝日
交 波佐見有田ICから車で10分 Pあり

↑鮮やかな色味がきれいなヴィヴィッドカラーシリーズ。和食にも洋食にもマッチする浅黄なぶり丼3500円（上）。緑交趾5寸浅鉢2800円（下）

↑波佐見町郊外にあるモダンなギャラリーは気軽に立ち寄れる雰囲気

↑シンプルな白地に水玉の伝統的な染付け。取っ手の色がアクセントに。二色丸紋スープカップ＆ソーサー3500円

マルヒロ

有田 MAP 付録P.14 B-2

伝統の和にモダンなデザイン バラエティ豊かな4ブランド

HASAMI、ものはら、BARBARの3つのブランドがあり、それぞれにポップでモダンなアイテム、歴史を感じる和食器、バラエティ豊かな蕎麦猪口など、マルヒロ流に仕上がった、さまざまなデザイン、価格帯の商品が揃う。

☎0955-42-2777
所 佐賀県西松浦郡有田町戸矢775-7
営 10:00～17:00 休 水曜
交 波佐見有田ICから車で1分 Pあり

↑スタッキングできるブロックマグは日常のさまざまなシーンで使える。豊富なカラーも魅力。1個1500円
↑いろは 中鉢。丸文（左）、菊文（右）各1800円

陶房 青
とうぼう あお

波佐見 MAP 付録P.14 C-3

日々の暮らしを彩る器の数々 遊び心あふれる絵付けも素敵

シンプルに単色の釉薬で色付けした皿や、絵付け、色絵など多種多様だが、いずれも波佐見焼ならではの確かな技術と柔軟なデザイン力が感じられるものばかり。奇をてらわず、日々の生活をさりげなく飾る日常の逸品がずらりと並ぶ。

☎0956-85-4344
所 波佐見町中尾郷982
営 8:00～17:00 休 不定休
交 波佐見有田ICから車で10分 Pあり

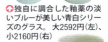
↑独自に調合した釉薬の淡いブルーが美しい青白シリーズのグラス。大2592円（左）、小2160円（右）

↑オリーブ柄のマグカップ3672円
↑温かみのある普段使いの器が並ぶギャラリー

暮らしに添えたい波佐見焼

古い製陶所をリノベーション

西の原
にしのはら

かつては江戸時代から続く波佐見の製陶所であった地。器や雑貨の買い物のあとは、カフェでのんびり過ごしたい。

旧製陶所を利用した注目のリノベスポット

窯を造るのに最適な地形であったため老舗の製陶所が窯を設けるなど、焼き物で栄えた街。現在では陶器を扱うお店やカフェなどが集まる。

- 所 波佐見町井石郷2087-4
- 営休 店舗により異なる
- 交 波佐見有田ICから車で15分
- P あり

郊外へ　波佐見

製陶所の出荷事務所利用 建物自体もレトロで素敵

南創庫
みなみそうこ

波佐見　MAP 付録P.14 A-4

温かみを感じる波佐見の食器を販売。事前予約をすれば、カラフルなシートを自由に貼ってオリジナル食器を制作する切り絵付け体験も可能。

- ☎0956-76-7214
- 営 11:00〜18:00　休 水曜

→小物も多く、気軽に使えるアイテムが充実

→「食卓テーブルに植物を」がテーマの卓上用植木鉢。table pot ボーダー2750円

→鮮やかだが、やわらかな発色がキュート。楕円プレート大 各3520円

創作意欲を刺激するお店 テーマは「表現する喜び」

モンネポルト

波佐見　MAP 付録P.14 A-4

ろくろ場として使用されていた建物を利用した雑貨店。特に画材や文房具が充実しており、店内ではワークショップや展覧会も催される。

- ☎0956-76-7163
- 営 11:00〜18:00　休 水曜

→併設されているギャラリーでは図書の貸し出しも。本を読んだり手紙を書いたり、のんびり過ごせる

→顔料の濃度が濃く、鮮やかな発色。プレゼントにも。STOCKMAR 水彩絵の具3740円

暮らしにずっと寄り添う 愛着わく雑貨をセレクト

HANAわくすい
ハナわくすい

波佐見　MAP 付録P.14 A-4

「ずっと使えるもの」をコンセプトに、生活道具を揃えるセレクトショップ。使い勝手がいいもの、作家の顔が見える品にこだわる。

- ☎0956-85-8155
- 営 11:00〜18:00　休 水曜

→入口へと続くアプローチ。店内は製陶所の絵付け場として使われていた空間だ

レトロな空間で味わう 体にやさしい手作り料理

monne legui mooks
モンネルギムック

波佐見　MAP 付録P.14 A-4

店内にはどこか懐かしい居心地のよい空間が広がる。料理は作り手の顔が見える安心食材を使い、だしから手作り。波佐見焼の器を食事とともに楽しみたい。

- ☎0956-85-8033
- 営 12:00〜18:00　休 火・水曜

→レトロな雰囲気の建物

→日替わりランチのひとつ、とろろをかけた鶏と野菜の揚げびたし(ご飯付き)990円とグリーンサラダ440円

→昭和初期に建てられた製陶所事務所を利用。木のテーブルなどの風合いもよく、落ち着いて食事が楽しめる

周辺の街とスポット
AROUND HASAMI

400年の伝統が息づく街、有田焼の里へ

有田 ありた

日本で初めて磁器が本格的に焼かれた地として有名な有田。裏通りにはトンバイ塀が続き、表通りには美しい町家が立ち並ぶ。

長崎県と接する佐賀西部にある日本磁器発祥の地

波佐見の北西に位置する街。有田焼の美術館をはじめ、有田焼を扱う店や、食事・スイーツを有田焼で提供するレストラン、境内随所に磁器を配した神社や絵付け体験のできるギャラリーなど陶磁器の街らしいスポットが点在している。

information
有田観光協会 ☎0955-43-2121
交 佐世保中央ICから車で波佐見有田IC経由で25分

↑トンバイ塀は登り窯の材料である耐火レンガを赤土で固めたもの

陶器の鳥居がシンボル

陶山神社
とうざんじんじゃ

応神天皇を主祭神に有田焼の祖・李参平を祀る神社で万治元年(1658)頃建立されたという。鳥居や欄干、水甕など、有田の技術の粋を集めた陶磁器が配されている。

↑白磁に唐草模様が見事な鳥居

MAP 付録P.14 B-1
☎0955-42-3310
所 佐賀県西松浦郡有田町大樽2-5-1 時休料 参拝自由
交 波佐見有田ICから車で10分 P あり

↑境内には500本の桜があり、桜の名所としても知られる

見学、体験、買い物もできる

有田ポーセリンパーク
ありたポーセリンパーク

ドイツのツヴィンガー宮殿を模した建物を中心に、陶器作り体験ができる有田焼工房や、みやげ屋、天狗谷古窯を再現した登り窯などがある。

MAP 付録P.14 B-2
☎0955-41-0030
所 佐賀県西松浦郡有田町戸矢乙340-28
時 9:00～17:00 (施設により異なる)
休 無休 料 入園無料 (陶芸体験は有料)
交 波佐見有田ICから車で3分 P あり

→有田焼工房では絵付けや手びねり、ろくろの陶芸体験ができる

↑バロック庭園も見どころ

有田焼の繊細で雅な世界が楽しめるショップ

有田に来たらぜひ陶磁器の名窯を訪れて、お気に入りの逸品を見つけたい。

ARITA PORCELAIN LAB
アリタ ポーセリン ラボ

MAP 付録P.14 B-1
☎0955-29-8079
所 佐賀県西松浦郡有田町上幸平1-11-3
時 11:00～17:00 休 火曜
交 波佐見有田ICから車で10分 P あり

伝統を踏襲しながらも、シンプルで飽きのこないモダンなデザインの和食器を得意とする。サイズや柄もバラエティ豊富。

→プラチナとマットな白磁がモダンなジャパンスノーシリーズ

深川製磁本店
ふかがわせいじほんてん

MAP 付録P.14 B-1
☎0955-42-5215
所 佐賀県西松浦郡有田町幸平1-1-8
時 9:00～17:00 休 不定休
交 波佐見有田ICから車で15分 P あり

大正期建設の洋館で1階がショップ、2階は参考館。世界に名だたる窯元の店で、青の絵付けはフカガワブルーと呼ばれる。

↑桜小紋外赤紅茶碗皿13万2000円(左)。染錦つる朝顔紅茶碗皿7万7000円(上)

香蘭社
こうらんしゃ

MAP 付録P.14 B-1
☎0955-43-2132
所 佐賀県西松浦郡有田町幸平1-3-8
時 8:00～17:25 土・日曜、祝日9:30～17:00
休 無休 交 波佐見有田ICから車で15分 P あり

有田を代表する創業330年余の窯元。伝統工芸品から家庭用の食器まで1階のショールームに多彩に取り揃えている。

→伝統的な絵柄を取り入れた気品あふれる器を扱う

↑2階は古陶磁陳列館。数多くの貴重な展示品が並ぶ

西の原／有田

漂う硫黄臭と湯けむりに圧倒される「雲仙」を歩く

雲仙
うんぜん

もうもうと噴気の立ち昇る「地獄」の周りには、湯宿も多く温泉地として多くの人が訪れる。自然の猛威を間近に感じながら、湯けむり散歩を楽しむ。

地球の営みと自然の豊かさを体感 火山の恵み、温泉に癒やされたい

島原半島に位置する雲仙は、温泉と自然に恵まれた景勝地。地面から火山性の白煙がもうもうと立ち昇る地獄に、九州の高山に咲くミヤマキリシマなど、雲仙特有の景色や自然が楽しめる。もちろん、温泉は質も高く、湯量も豊富。さらには制作体験もできるガラスの美術館や、四季折々の景色が美しい展望所など、多彩な楽しみ方のできるエリアだ。

ACCESS
長崎駅から長崎県営バス・雲仙行きで約1時間40分、終点下車。または JR 特急かもめで諫早駅まで行き、島鉄バス・雲仙行きに乗り換え約1時間50分、終点下車。長崎市街から雲仙市街まで、車で国道34号、国道57号経由で約1時間10分。

↑高台から見下ろしたり、遊歩道を歩いたりして、壮大な雲仙地獄を五感で楽しみたい

郊外へ｜雲仙

硫黄の匂いと白煙が覆う一帯は温泉の熱と酸性水で白く変色
雲仙地獄
うんぜんじごく

橘（たちばな）湾海底のマグマ溜まりから湧き出す高温のガスと、温泉の水蒸気があたりを覆う。地熱で足を温める足蒸しや、雲仙地獄で作る温泉たまごを販売する雲仙地獄工房など観光施設も充実。

MAP 付録P.18 C-2
☎0957-73-3434（雲仙温泉観光協会）
所 雲仙市小浜町雲仙
交 島鉄バス・お山の情報館下車、徒歩1分
P あり

↑最も激しく噴煙を上げるエリア。大叫喚地獄（だいきょうかんじごく）

↑粘着性のある土がガスに噴き上げられて山型になる泥火山（でいかざん）

世界のアンティークガラス 300点を展示
雲仙ビードロ美術館
うんぜんビードロびじゅつかん

長崎は日本のガラス作りの発祥地。ボヘミア・ヴェネツィアなど世界の古ガラスの名品を展示。工房ではサンドブラストによるグラス作り、とんぼ玉など各種のガラス作り体験が楽しめる。

MAP 付録P.18 B-3
☎0957-73-3133 所 雲仙市小浜町雲仙320
営 9:00～17:45（受付は～16:00） 休 水曜
料 700円 交 島鉄バス・小地獄入口下車、徒歩1分 P 50台

↑イヤリングやネックレスも作ることができる

↑各種ガラスを販売するミュージアムショップも併設している

↑歴史や自然に関する映像資料もある
↑フリーWi-Fi、休憩スペースも用意

最新の自然情報を提供 雲仙の火山と温泉について紹介
雲仙お山の情報館
うんぜんおやまのじょうほうかん

昭和9年（1934）、日本で初めて国立公園に指定された雲仙のインフォメーション施設。雲仙と島原半島の地形や歴史、自然についての情報のほか、火山や温泉に関する展示も行う。

MAP 付録P.18 B-3
☎0957-73-3636 所 雲仙市小浜町雲仙320
営 9:00～17:00（祝日の場合は翌平日） 休 木曜 料 無料 交 島鉄バス・お山の情報館下車、徒歩1分 P あり

↑吉田松陰も入ったという小地獄温泉

↑循環なし。正真正銘のかけ流し天然温泉だ

木造施設もレトロな雰囲気 美肌の天然湯を日帰りで満喫
雲仙小地獄温泉館
うんぜんこじごくおんせんかん

1日に約440tと雲仙でも最大の湧出量を誇る天然温泉。泉質は単純硫黄温泉で白く濁っている。浴槽には湧き出たばかりの新鮮な温泉湯が注がれる、マニアも唸る秘湯。

MAP 付録P.16 A-4
☎0957-73-3273（青雲荘） 所 雲仙市小浜町雲仙500-1 営 10:00～19:00
休 無休 料 460円 交 島鉄バス・小地獄入口下車、徒歩10分 P あり

↑花や新緑、紅葉、冬の樹氷など季節で表情が一変

**展望所は普賢岳の5合目
手前の山々から天草まで一望**

仁田峠・仁田峠展望所
にたとうげ・にたとうげてんぼうじょ

妙見山頂と仁田峠を結ぶロープウェイかスカイラインを車でアクセス。どちらも眺望の良いルートで、四季折々の景色が楽しめる。

MAP 付録P.16 B-3

☎0957-73-3572（雲仙ロープウェイ）　所雲仙市小浜町雲仙551　開展望所8:00～18:00（11～3月は～17:00）、ロープウェイ8:31～17:23（冬期は～17:11）　休荒天時　料展望所100円（環境保全金）、ロープウェイ往復1290円　交雲仙バス停から車で20分　Pあり

立ち寄りスポット

雲仙銘菓といえばここ
遠江屋本舗
とおとうみやほんぽ

小麦粉、卵、砂糖に、普賢岳の恵み温泉水を入れた生地を金型で手焼きする湯せんべいの老舗。湯せんべい付きソフトクリームも美味。

MAP 付録P.18 B-2

☎0957-73-2155　所雲仙市小浜町雲仙317　開8:30～19:00　休木曜　交島鉄バス・雲仙前下車、徒歩1分　Pなし

↑土・日曜、祝日は実演販売を行う

↑焼きたて1枚80円

テラス席や足湯も備えるカフェ
お山のカフェレストラン グリーンテラス雲仙
おやまのカフェレストラン グリーンテラスうんぜん

陽光差し込む店内席。ビーフシチュー1925円が大人気のメニュー。

MAP 付録P.18 C-3

☎0957-73-3277　所雲仙市小浜町雲仙320　開11:00～18:00（LO17:00）　休不定休　交島鉄バス・お山の情報館下車、徒歩1分　Pあり

↑チーズが入った雲仙オムハヤシ1518円

**山奥の温泉街で
過ごす贅沢な時間**
湯けむりの街でくつろぐ

クラシカルなホテルからこだわりの料理が味わえる和旅館まで、もてなしのすべてが揃った温泉街ならではの滞在を満喫できる。

**九州では唯一の
クラシックホテル**
雲仙観光ホテル
うんぜんかんこうホテル

MAP 付録P.18 B-3

昭和10年(1935)、避暑地として外国人の人気を集めた雲仙で開業。当時の外観や印象的な梁、扉、インテリアなどはそのままに、利便性も確保する。風呂は源泉かけ流しの温泉で、料理の質も高い、居心地抜群のホテルだ。

☎0957-73-3263　所雲仙市小浜町雲仙320　交島鉄バス・小地獄入口下車、徒歩1分　Pあり
in 14:00　out 11:00　室39室
予算 1泊2食付3万8500円～

↑昭和天皇・皇后両陛下も利用された特別室

**100年余の歴史が詰まった
大人のためのリゾートホテル**
雲仙九州ホテル
うんぜんきゅうしゅうホテル

MAP 付録P.18 C-3

大正6年(1917)に洋式ホテルとして創業。その後、旅館としても営業した歴史がある。2018年に和洋折衷、新旧融合が魅力のホテルに生まれ変わってリニューアルオープン。館内は大人の上質感が漂い、ゆったりと過ごせる。

☎0957-73-3234　所雲仙市小浜町雲仙320　交島鉄バス・お山の情報館下車すぐ　Pあり
in 15:00　out 11:00　室25室
予算 1泊2食付3万950円～

↑宿泊棟にある客室21室は雲仙地獄を望む

**大自然、日本の四季、
日本の文化が満喫できる**
雲仙温泉 旅亭 半水盧
うんぜんおんせん りょてい はんずいりょ

MAP 付録P.18 B-4

日本で最初に誕生した雲仙国立公園の大自然に囲まれて、静寂なひとときを過ごすことができる。料理は四季折々の本格懐石料理。食事は部屋食なので、会話も楽しみながら、料理を堪能できる。

☎0957-73-2111　所雲仙市小浜町雲仙380-1　交島鉄バス・白雲の池入口下車、徒歩1分　Pあり
in 15:00　out 11:00　室14室
予算 1泊2食付6万6000円～

↑雲仙の白濁した湯は東西2カ所の大浴場で

風流な景色に心が癒やされる水の都の城下町散歩

島原
しまばら

五重の天守をいただく島原城と、街中いたるところに湧く清らかな水。江戸時代そのままの風情を今に残す島原を歩く。

武家が暮らした街並みと湧水流れる清涼な風情に安らぐ

城下町の面影と歴史をたどってみたり、あるいは澄んだ水に触れ、名水をたっぷり使った郷土の甘味に舌鼓を打ってみたり。島原は街並みが美しく独特で、さらには街の規模も散歩にピッタリのサイズ。半日から一日かけてゆっくり散策するのに最適な街だ。疲れを癒やす足湯もあるので、ここに集う地元の人々と会話してみるのも旅の醍醐味だ。

ACCESS
長崎駅からJR特急かもめで諫早駅まで行き、島原鉄道に乗り換えて約1時間40分、島原駅下車。長崎市街から島原市街まで、車で国道34号、国道251号経由で約1時間30分。

↑街のランドマークである島原城を中心に、武家屋敷のある風景や豊かな名水を満喫したい

郊外へ
● 島原

石垣の高さと美しさは圧巻
4氏18代の居城として活躍

島原城
しまばらじょう

元和4年(1618)から約7年の月日をかけ、松倉豊後守重政により築城。別名を森岳城、高来城という。江戸時代を通じて島原藩の藩庁、藩主居城として使用されたが、明治時代になって廃城となり、建物は撤去された。現在は本丸、天守、櫓、長塀が再建され、長崎県の史跡に指定されている。天守閣ではキリシタン、藩政時代の郷土、民俗に関する資料を展示。

↑4万石の藩としては破格の壮麗な城

MAP 付録P.19 E-2
☎ 0957-62-4766(島原城天守閣事務所) 所 島原市城内1-1183-1
⏰ 9:00~17:30 休 無休
料 550円(天守閣、観光復興記念館、西望記念館の3館共通)
交 島原鉄道・島原駅から徒歩10分
P あり

↑5重5階の天守は破風を造らず、唐造り、南蛮造りと呼ばれる個性的な形状をしている

↑城内の天草四郎像。キリシタン弾圧のほか、築城のための重税なども一揆の理由であったとされる

江戸期の面影残す
武家屋敷の街並み

武家屋敷
ぶけやしき

島原城築城の際、外郭の面に接して扶持取70石以下の武士の住まいが建設された。鉄砲を主力とする徒士の住居であったことから鉄砲町とも呼ばれる。現在、山本邸、篠塚邸、島田邸が見学可能。

MAP 付録P.19 D-1
☎ 0957-63-1111(しまばら観光おもてなし課)
所 島原市下の丁 ⏰ 9:00~17:00
休 無休 料 無料
交 島原鉄道・島原駅から徒歩10分 P あり

↑通りの水路は熊野神社が水源。飲み水として利用していた

↑まるで池に浮かんでいるかのような母屋から、庭を眺める

国の登録有形文化財、登録記念物にも指定

湧水庭園 四明荘
ゆうすいていえん しめいそう

建物は明治、庭園は大正初期に造られたという国の登録記念物。湧出量は1日3000tという豊かな水を利用した庭が見事で、池に張り出すように造られた屋敷からの眺めは格別。

MAP 付録P.19 F-3
☎0957-63-1121 所島原市新町2
営9:00~18:00 休無休 料310円
交島原鉄道・島原駅から徒歩7分 Pあり

↑池にはカラフルな錦鯉が。水があまりに透明なため、光の加減によっては鯉が宙に浮かんでいるようだと話題になったほど

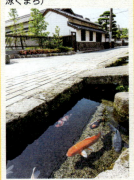

島原湧水群
しまばらゆうすいぐん

湧出量は1日あたり20万tで、環境省選定の名水百選にも数えられている。市内のいたるところから水が湧き出ており、湧水地は60カ所を超える。(写真:鯉の泳ぐまち)

島原

街の人々が世話する色鮮やかな錦鯉

鯉の泳ぐまち
こいのおよぐまち

豊かな湧水に恵まれた島原では民家前の水路に鯉が泳いでいる。澄んだ水の中を泳ぐ色とりどりの鯉の姿は水の都の名にふさわしい風情。

MAP 付録P.19 F-3
☎0957-63-1111 (しまばら観光おもてなし課)
所島原市新町2
交島原鉄道・島原駅から徒歩7分 Pなし

たくさんの鯉が泳ぐ

立ち寄りスポット

島原の郷土料理 具雑煮に舌鼓

姫松屋 本店
ひめまつや ほんてん

島原の乱で、一揆軍が貯蔵の餅に山海から集めた食材を加えて食した兵糧がルーツとされる具雑煮の名店。鶏肉、穴子に野菜と13もの具材が入る。

MAP 付録P.19 E-2
☎0957-63-7272
所島原市城内1-1208 営11:00~19:00(LO18:30) 休第2火曜(月により変更あり) 交島原鉄道・島原駅から徒歩7分 Pあり

↑上品なだしと多彩な具材の旨みをたたえた餅が美味。並サイズ980円

名物かんざらしで ちょっとひと休み

しまばら水屋敷
しまばらみずやしき

明治期建造の和洋折衷、木造の邸宅。庭の湧水と古い屋敷に流れるゆったりとした時間にくつろぐ癒やしの茶房だ。2階には主人収集の招き猫を展示。

MAP 付録P.19 E-3
☎0957-62-8555 所島原市万町513 営11:00頃~16:30頃(かんざらし売り切れ次第閉店) 休不定休 交島原鉄道・島原駅から徒歩7分 Pなし

↑冷たいシロップに白玉が浮かぶかんざらし。抹茶とのセット880円

HOTELS 泊まる

異国情緒と絶景に包まれてくつろぐ
長崎のホテル

歴史と文化の街だけあって、ホテルのレベルも屈指。癒やしのリゾート、小さな洋館ホテル、快適な大型ホテルなど、多彩で魅力的な宿が揃う。

1
全客室がオーシャンビュー
長崎の夜景に酔う大人の休日
ガーデンテラス長崎ホテル&リゾート
ガーデンテラスながさきホテル&リゾート

稲佐山 MAP 付録P.3 D-4

長崎港を望む稲佐山の中腹に建つラグジュアリーホテル。設計は世界的建築家・隈研吾氏が手がけ、洗練された非日常空間で心身を癒やせる。客室は窓が大きくとられ、街と海が一望できる。宿泊者専用のセンターテラスには、プールやスパなどもある。

1. 全客室とも広々としたミニマルな造りでくつろぎ感が高い。テラスからは長崎の夜景を一望できる
2. 鮨ダイニング「天空」ほか、洋食など各種レストランが揃う
3. 夏期は長崎港を望む屋外プールで、極上の休日に浸れる

HOTEL DATA
☎ 095-864-7776
所 長崎市秋月町2-3 交 JR長崎駅から車で10分(長崎駅から無料送迎あり) P あり
in 16:00 out 12:00 室 36室(全室禁煙・テラス付) 予算 1泊2食付3万7000円〜

1. 路面電車の大浦天主堂電停からすぐの場所に建ち、アクセスも良い
2. フレンチの店「ラベルヴュー」では長崎の旬が詰まった料理を
3. 各タイプの客室とも、南欧風の内装&リネンが温かみを醸す

1
観光スポットも間近!
旅を彩る南山手の癒やし空間
ANAクラウンプラザホテル長崎グラバーヒル
エーエヌエー クラウンプラザホテルながさきグラバーヒル

南山手 MAP 付録P.8 B-2

3

大浦天主堂、グラバー園が徒歩3分以内の好立地。客室はデラックス、スーペリア、スタンダードに分かれ、南欧風のインテリアが心地よい。長崎フレンチ、和食&中華など、この街ならではの食スポットも充実。

HOTEL DATA
☎ 095-818-6601
所 長崎市南山手町1-18 交 大浦天主堂電停から徒歩1分 P あり in 15:00 out 11:00 室 216室
予算 1泊朝食付1万600円〜(ツイン)

南山手の瀟洒な洋館ホテルで
長崎の歴史と文化に浸る
セトレ グラバーズハウス 長崎
セトレ グラバーズハウス ながさき

南山手 **MAP** 付録P.8 B-2

外国人居留区・南山手に建つ美しい洋館に、南欧風の全22室を持つ。「長崎を知る、遊ぶ」をコンセプトに、街の歴史や文化を映す内装やもてなしを追求。長崎の季刊誌『樂』とのコラボによる大人の空間、樂ラウンジも評判だ。

HOTEL DATA

☎ 095-827-7777
所 長崎市南山手町2-28 交 大浦天主堂電停から徒歩5分
P あり（要予約） IN 15:00 OUT 11:00 室 22室
予算 1泊2食付1万6500円～

1. ラウンジでは飲み物や書籍で憩える 2. 客室には西欧のアンティーク家具が配されている 3. 大浦天主堂やグラバー園までは徒歩2分の距離 4. 和食・中華・洋食の料理を融合したディナーが好評

長崎のホテル

海を感じる多彩な風呂と
平戸の塩で食す魚介が評判
平戸海上ホテル
ひらどかいじょうホテル

平戸 **MAP** 付録P.11 F-1

平戸瀬戸の海辺に建ち、全客室がオーシャンビュー。浴槽の周囲を魚が泳ぐ「水族館大浴場・龍宮」や「海望露天風呂」、貸切風呂が、特に家族連れに大人気。平戸の天然釜炊き塩を用いた、豪快な海鮮料理も楽しみだ。

1. 客室は和室、和洋室、洋室と豊富。全室からロマン漂う海を眺められる 2. 夕食は平戸の山海の幸を使った日本料理

HOTEL DATA

☎ 0950-22-3800
所 平戸市大久保町2231-3
交 松浦鉄道・たびら平戸口駅から車で10分（平戸桟橋から無料送迎あり） P あり
IN 15:00 OUT 10:00 室 104室
予算 1泊2食付1万2960円～

未来志向のくつろぎ空間
西海の海に癒やされる
オリーブベイホテル

西海 **MAP** 付録P.12 A-3

全32室と小規模ながら、洗練された空間とおもてなしを誇るスモール＆ラグジュアリーなデザイナーズホテル。佐世保から船と徒歩で30分ほど、ハウステンボスからは車で35分とアクセスも気軽。極上の旅を演出する。

1. ホテルの設計は世界的な建築家の隈研吾氏によるもの 2. スタイリッシュな空間を満喫できる客室 3. 水底の白バラが美しい屋外プール

HOTEL DATA

☎ 0959-34-5511
所 西海市大島町1577-81
交 佐世保みなとターミナルから大島行き高速船で23分、大島港から徒歩10分（無料送迎あり、要予約） P あり
IN 15:00 OUT 11:00 室 32室
予算 1泊2食付3万5100円～

TRANSPORTATION 交通

長崎へのアクセス
九州最西端・長崎へ。各地から空路、陸路が整備されている

飛行機は東京、愛知、大阪、神戸、沖縄から。陸路は山陽新幹線を使って博多まで行き、特急「かもめ」に乗り換える。車なら、福岡一長崎間は2時間ほどの距離だ。目的に合わせて交通手段を選ぼう。

飛行機でのアクセス
空港は大村湾に浮かぶ「長崎空港」

長崎空港は県央に位置し、長崎市街、佐世保・ハウステンボス・平戸・西海、雲仙・島原の各方面への道が延びる。各目的地へ出発の基点になる。

出発地	便名	便数	所要時間	運賃
羽田空港	ANA／JAL／SNA／SKY※	17便／日	2時間10分	4万2600円～
成田空港	JJP／APJ	1便／日	2時間20分	5690円～
中部空港	ANA	2便／日	1時間35分	3万4300円～
伊丹空港	ANA／JAL	7便／日	1時間20分	2万8100円～
関西空港	APJ	1便／日	1時間20分	3890円～
神戸空港	SKY	3便／日	1時間10分	1万4000円～
那覇空港	ANA	1便／日	1時間30分	2万9800円～

※SNA＝3万9800円、SKY＝2万3700円（神戸経由便で3時間）

空港からのアクセス／バス

長崎空港
- 長崎県営バス・長崎バス → 長崎駅前　43分～1時間1分／1000円
- 西肥バス → 佐世保バスセンター　1時間30分／1400円
- 西肥バス → ハウステンボス　1時間／1250円
- 西肥バス～（佐世保バスセンターで乗り換え）～西肥バス → 平戸桟橋　1時間30分／2900円
- 島鉄バス～（本諫早駅で乗り換え）～島原鉄道 → 島原駅前　1時間50分／2080円
- 島鉄バスほか～（諫早駅前で乗り換え）～島鉄バス → 雲仙温泉　2時間10～50分／2040円

空港からのアクセス／車

長崎空港
- 長崎道大村IC～ながさき出島道路 → 長崎市街　約40分／1030円／39km
- 長崎道大村IC～西九州道佐世保中央IC → 佐世保　約1時間／1930円／64km
- 長崎道大村IC～長崎道東そのぎIC～国道205号 → ハウステンボス　約50分／530円／39km
- 長崎道大村IC～西九州道佐々～国道204・383号ほか → 平戸　約1時間40分／1930円／93km
- 長崎道大村IC～諫早IC～国道34・57号 → 島原　約1時間30分／470円／64km
- 長崎道大村IC～諫早IC～国道34・57号ほか → 雲仙温泉　約1時間10分／470円／54km

車でのアクセス
九州道「鳥栖JCT」から1時間30分！

九州各地からは、鳥栖JCTを基点に長崎自動車道を通り、各方面を目指そう。佐世保やハウステンボス方面へは武雄JCTから西九州道へ。島原方面へは諫早ICから国道34・57号へ。

九州各地から

- 福岡：福岡都市高速千代出入口～九州道太宰府IC → 鳥栖JCT → 長崎道～ながさき出島道路 → 長崎市街　約1時間55分／4340円／153km
- 北九州：九州道小倉南IC → 鳥栖JCT → 長崎道～ながさき出島道路 → 長崎市街　約2時間50分／4920円／212km
- 熊本：九州道熊本IC → 鳥栖JCT → 長崎道～ながさき出島道路 → 長崎市街　約2時間45分／4910円／213km
- 大分：大分道大分IC → 鳥栖JCT → 長崎道～ながさき出島道路 → 長崎市街　約3時間5分／5890円／257km
- 宮崎：宮崎道宮崎IC → えびのJCT → 鳥栖JCT → 長崎道～ながさき出島道路 → 長崎市街　約4時間35分／8430円／394km
- 鹿児島：九州道鹿児島IC → 鳥栖JCT → 長崎道～ながさき出島道路 → 長崎市街　約4時間30分／8180円／381km

長崎周辺の主要道路

鉄道・バスでのアクセス
旅行者にうれしいお得なきっぷもある

JRの特急なら博多から長崎まで約2時間。北海道、東北、北陸、山陰からのアクセスは、東海道・山陽新幹線の駅まで向かって新幹線に乗り換えるか、飛行機で福岡空港へ向かい、地下鉄で5分ほどの博多駅からJR特急かもめに乗車する。

関東方面から

東京駅 — 新幹線のぞみ → 博多駅 — JR特急かもめ → 長崎駅
約7時間25分／2万6760円

中部方面から

名古屋駅 — 新幹線のぞみ → 博多駅 — JR特急かもめ → 長崎駅
約5時間40分／2万2260円

関西方面から

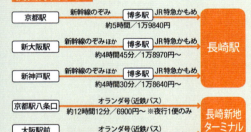

山陽方面から

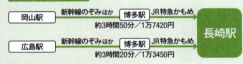

九州各地から

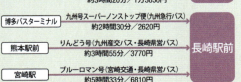

※飛行機は2021年2月の料金、鉄道は通常期に普通車指定席を利用した場合の料金です。

フェリー・高速船で離島へ
長崎各地と五島列島をつなぐ航路も充実

五島の各島々をつなぐ船は主に長崎港や佐世保港から就航している。高速船も出ているので、移動時間の短縮にも。

下五島へ

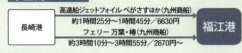

上五島へ

小値賀島へ

佐世保港 — 高速船シークイーンほか（九州商船）
約1時間30分～2時間10分／4660円
フェリーなみじ、いのり（九州商船）
約3時間15分／2600円〜 → 小値賀港

問い合わせ先

ANA（全日空）	☎0570-029-222
JAL（日本航空）	☎0570-025-071
ソラシドエア（SNA）	☎0570-037-283
ピーチ（APJ）	☎0570-001-292
スカイマーク（SKY）	☎0570-039-283
ジェットスター（JJP）	☎0570-550-538
JR西日本お客様センター	☎0570-00-2486
JR東海テレフォンセンター	☎050-3772-3910
JR九州案内センター	☎0570-04-1717
島原鉄道	☎0957-62-2232
長崎県営バス（長崎空港リムジンバス）	☎095-826-6221
長崎バス総合サービスセンター	☎095-826-1112
西肥バス佐世保バスセンター	☎0956-23-2121
島鉄バス	☎0957-62-2234
近鉄高速バスセンター	☎0570-001631
九州高速バス予約センター（九州号）	☎092-734-2500
長崎県営バス高速バス予約センター	☎095-823-6155
九州産交バス高速バス予約センター	☎096-354-4845
宮崎交通高速バス予約センター	☎0985-32-1000
日本道路交通情報センター（長崎情報）	☎050-3369-6642
日本道路交通情報センター（九州地方高速情報）	☎050-3369-6771
NEXCO西日本お客さまセンター	☎0120-924863
九州商船予約センター	☎0570-017510

長崎へのアクセス

INDEX
長崎

歩く・観る

あ 相生地獄坂 ･････････ 45
　壱岐市立一支国博物館【壱岐】 ･･･ 68
　INASA TOP SQUARE ･････ 20
　稲佐山山頂展望台 ･･･････ 28
　祈りの丘絵本美術館 ･････ 87
　上野彦馬宅跡 ･･･････････ 59
　浦上天主堂 ･･･････････････ 63
　NPO法人 長崎巡礼センター ･･ 25
　遠藤周作文学館 ･･･････ 87
　大浦天主堂 ･･･････ 23・27・40
　大浦天主堂 キリシタン博物館 ･･ 41
　大野教会堂 ･･･････････ 23
　オランダ坂（東山手） ･･････ 45
か 風頭公園 ･･･････････ 58
　祈念坂 ･････････････････ 45
　国指定史跡「出島和蘭商館跡」 ･･ 50
　グラバー園 ･････････ 42
　グラバースカイロード ･･････ 31
　黒崎教会 ･･･････････ 87
　軍艦島コンシェルジュ
　軍艦島上陸・周遊ツアー ･･･ 77
　軍艦島資料館 ･･･････ 80
　軍艦島デジタルミュージアム ･･ 87
　孔子廟 ･･･････････ 34・41
　興福寺 ･･･････････ 57・72
　国立長崎原爆死没者追悼平和祈念館 ･･ 65
さ サント・ドミンゴ教会跡資料館 ･･ 67
　山王神社の被爆大楠と一本足鳥居 ･･ 63
　シーボルト記念館 ･･････ 88
　シーマン商会 軍艦島ツアー ･･ 77
　JRKYUSHU SWEET TRAIN
　或る列車 ･････････ 67
　JR長崎駅 ･････････ 20
　出津教会堂 ･････････ 23
　聖福寺 ･･･････････ 67
　新・観光丸 長崎港めぐり ･･ 48
　聖フィリッポ教会 ･･････ 23
　崇福寺 ･･･････････ 57・72
　外海の大野集落 ･･････ 27
　外海の出津集落 ･･････ 26
た 高島海上交通 軍艦島上陸クルーズ ･･ 77
　高島炭坑（北渓井坑跡） ･･ 80
　唐人屋敷跡 ･･･････ 54
　どんどん坂 ･････････ 45
な 長崎稲佐山スロープカー ･･ 20・29
　長崎原爆資料館 ･･････ 65
　長崎県美術館 ･･････ 30・84
　長崎港松が枝国際ターミナル ･･ 49
　長崎さるく ･･･････ 39
　長崎市亀山社中記念館 ･･ 58
　長崎市旧香港上海銀行 長崎支店記念館
　長崎近代交流史と
　孫文・梅屋庄吉ミュージアム ･･ 46
　長崎市恐竜博物館 ･･････ 20
　長崎市総合観光案内所 ･･ 39
　長崎市高島石炭資料館 ･･ 80
　長崎市永井隆記念館 ･･ 63

　長崎市野口彌太郎記念美術館 ･･ 88
　長崎市歴史民俗資料館 ･･ 88
　長崎新地中華街 ･･････ 54
　長崎造船所史料館 ･･････ 80
　長崎出島ワーフ ･･････ 48
　長崎と天草地方の潜伏キリシタン関連遺産
　インフォメーションセンター ･･ 25
　長崎水辺の森公園 ･･････ 49
　長崎南山手美術館 ･･････ 88
　長崎ランタンフェスティバル ･･ 34・54
　長崎歴史文化博物館 ･･ 86
　長崎ロープウェイ ･･････ 28
　鍋冠山公園 ･･･････ 30
　日本二十六聖人殉教地・記念館 ･･ 66
は 爆心地 ･･･････ 62
　端島（軍艦島） ･･････ 76
　馬場広徳 軍艦島上陸クルーズ ･･ 77
　原の辻遺跡【壱岐】 ･･････ 68
　東山手洋風住宅群 ･･････ 46
　プール坂 ･････････ 45
　福済寺 ･･･････････ 72
　平和公園 ･･･････ 62
ま 丸山公園 ･･･････ 59
　三菱長崎造船所 ･･････ 78
　湊公園 ･････････ 34
　南山手地区町並み保存センター ･･ 47
　南山手レストハウス ･･････ 47
　眼鏡橋 ･･･････････ 57
　女神大橋 ･･･････ 31
や やまさ海運 軍艦島上陸周遊コース ･･ 77
ら 龍馬通り ･･･････ 58
　龍馬のぶーつ像 ･･････ 59
わ 若宮稲荷神社 ･･････ 59

食べる

あ Attic ･････････ 49
　アンティーク喫茶&食事 銅八銭 ･･ 98
　雲龍亭 本店 ･････････ 104
　EIGHT FLAG ･･････ 99
　elv cafe ･･･････ 57
　おにぎり専門店 かにや ･･ 104
か カフェ（長崎県美術館） ･･ 85
　Cafe & Bar ウミノ ･･････ 101
　Cafe Bridge ･････････ 60
　カレーの店 夕月 ･･････ 96
　銀嶺 ･･･････････ 86
　珈琲冨士男 ･･･････ 99
　御飯 ･･･････････ 102
さ The House of 1995 ･･ 33
　ジェラートショップ IL MARE ･･ 49
　史跡料亭 花月 ･･････ 59・90
　自由亭喫茶室 ･･････ 45
　ステーキハウスおかの ･･ 96
　鮮肴炭焼 炙 ･･････ 103
た 大衆割烹 安楽子 ･･････ 102
　台湾料理 老李 新地中華街本店 ･･ 95
　中華料理 四海樓 ･･････ 94
　中国菜館 慶華園 ･･････ 95
　中国菜館 江山楼 中華街新館 ･･ 94
　中国料理館 会楽園 ･･ 94
　ツル茶ん ･･･････ 97
　出島内外倶楽部レストラン ･･ 51

　鉄板焼ダイニング 竹彩 ･･ 92
　天天有 ･･･････ 95
な 長崎カフェ 一花五ец,嵐 ･･ 101
　長崎DINING 多ら福 亜紗 ･･ 103
　長崎の路地裏Cafe ･･････ 60
　南蛮茶屋 ･･･････ 98
　Nex Yank ･･･････ 100
は 梅月堂本店 ･･･････ 99
　バラモン食堂 ･･･････ 103
　東山手甲十三番館 ･･ 47
　東山手「地球館」 ･･････ 47
　ひかりのレストラン ･･････ 33
　ビストロ ピエ・ド・ポー ･･ 93
　一二三亭 ･･･････ 104
　風雲児焼とり 竜馬 ･･ 59
　プルミエ・クリュ ･･････ 93
ま 水辺の森のワイナリーレストラン
　OPENERS ･･･････ 49
　Museum Cafe 南山手八番館 ･･ 47
や 吉宗 本店 ･･･････ 97
ら リトル・エンジェルズ ･･ 101
　料亭 一力 ･･･････ 91
　料亭御宿 坂本屋 ･･ 91
　Restaurant FOREST ･･ 33
　レストラン ロータス ･･ 32
わ 和風喫茶 志らみず ･･ 100

買う

あ URBAN RESEARCH
　アミュプラザ長崎店 ･･ 107
　アミュプラザ長崎 ･･ 67
　異人堂 めがね橋店 ･･ 108
　いろはや出島本店 ･･ 107
　岩崎本舗 グラバー園店 ･･ 45
　岩崎本舗 浜町観光通り店 ･･ 110
　岩永梅寿軒 ･･････ 109・111
　エアポートショップ
　MiSoLa −海空−【長崎空港】 ･･ 112
　大守屋 ･･･････ 106
　小川凧店（長崎凧資料館） ･･ 59
　おみやげ街道 すみや ･･ 112
か 観海べっ甲店 ･･ 106
　鯨専門店 くらさき ･･ 110
　グラバー園 ガーデンショップ ･･ 45
さ 三栄製麺 ･･ 55
　松翁軒 本店 ･･ 108
た 泰安洋行 ･･ 55
　髙野屋 ･･ 111
　ちりんちりんアイス ･･ 57
　東急ハンズ 長崎店 ･･ 112
な 長崎雑貨 たてまつる ･･ 107
　長崎の猫雑貨 nagasaki-no neco ･･ 61
　長崎ぶたまん桃太呂 浜町店 ･･ 97
　長崎友誼商店 ･･ 55
　中の家旗店 ･･ 61
　ニューヨーク堂 ･･ 57
は 福建 ･･ 55
　福砂屋 長崎本店 ･･ 108
　ブック船長 ･･ 61
　文明堂総本店 ･･ 109
ま 万月堂 ･･ 109
　萬順製菓 ･･ 110

ミュージアムショップ（長崎県美術館）‥‥85
ミュージアムショップ（ヘトル部屋）‥‥51
や 山ぐち‥‥111
ら ルピシア 長崎店‥‥112
瑠璃庵‥‥106

泊まる

あ ANAクラウンプラザホテル
長崎グラバーヒル‥‥154
か ガーデンテラス長崎
ホテル&リゾート‥‥154
さ セトレ グラバーズハウス 長崎‥‥155

ハウステンボス

あ アムステルダム
ガーデンレストラン&カフェ‥‥120
アムステルダム広場‥‥119
アンジェリケ‥‥123
海のファンタジア‥‥21
お菓子の城‥‥122
オランダの館‥‥123
か カステラの城‥‥122
カフェデリ プリュ‥‥121
吉翠亭‥‥120
九州の城‥‥122
クート‥‥123
健康レストラン AURA‥‥121
さ JURASSIC ISLAND‥‥118
白い観覧車‥‥119
スキポール‥‥123
た チーズの城‥‥122
天空レールコースター〜疾風〜‥‥119
ドムトールン‥‥119
な ナインチェ‥‥123
は ハウステンボス‥‥31・116
ハウステンボス
光のファンタジアシティ‥‥21
パレス ハウステンボス‥‥119
VRワールド‥‥118
フォレストヴィラ‥‥125
フラワーファンタジア‥‥21
フラワーロード‥‥118
変なホテル ハウステンボス‥‥125
ホテル アムステルダム‥‥125
ホテルヨーロッパ‥‥124
ま 森のファンタジアカフェ‥‥21・118
ら リンダ‥‥123
ロード・レーヴ‥‥121
わ ワインの城‥‥122

五島列島

あ 青砂ヶ浦天主堂‥‥131
一期庵‥‥135
江上天主堂‥‥24・128
大瀬崎断崖‥‥129
大曽教会‥‥131
おぢかアイランドツーリズム‥‥134
か 頭ヶ島天主堂‥‥24・131
頭ヶ島の集落‥‥27
旧五輪教会堂‥‥128

旧鯛ノ浦教会堂‥‥131
旧野首教会‥‥24・134
キリシタン洞窟‥‥132
キリシタン洞窟クルーズ‥‥132
鯨賓館ミュージアム‥‥132
遣唐使船寄泊地の碑‥‥69
五島うどんの里‥‥132
五島コンカナ王国 ワイナリー&リゾート‥‥133
五島列島キリシタン物語
〜縦断クルーズ編〜‥‥131
五島列島リゾートホテル
MARGHERITA‥‥133
さ 坂本龍馬ゆかりの広場‥‥132
辞本涯の碑‥‥69
白良ヶ浜万葉公園‥‥69
た 高浜‥‥128
堂崎天主堂‥‥128
な 長崎鼻‥‥134
中ノ浦教会‥‥131
奈留島の江上集落
（江上天主堂とその周辺）‥‥27
日月庵‥‥135
野崎島自然学習村‥‥134
野崎島の集落跡‥‥27
は 蛤浜‥‥132
久賀島の集落‥‥27
冷水教会‥‥131
福江港ターミナル
五島市観光協会売店‥‥129
福江城跡‥‥129
福江武家屋敷通り‥‥129
BABY QOO‥‥129
ポットホール‥‥134
や 矢堅目公園‥‥130

佐世保

あ 石岳展望台‥‥137
か 海上自衛隊佐世保史料館‥‥137
カレー&手作りケーキの店 ブラック‥‥138
九十九島パールシーリゾート‥‥137
黒島天主堂‥‥25
黒島の集落‥‥27
さ SASEBO軍港クルーズ‥‥136
Jazz Bar&Restaurant FLAT FIVE‥‥139
た 展海峰‥‥137
白十字パーラー‥‥139
ハンバーガーショップ ヒカリ本店‥‥139
ま マルモ水産海上カキ焼小屋‥‥137
ら レストラン蜂の家‥‥138
レモンド・レイモンド‥‥138

西海

あ 大島トマト農園‥‥140
オーベルジュ あかだま‥‥141
オリーブベイホテル‥‥155
な 長崎バイオパーク‥‥141
ら レストラン オリーブ‥‥141

平戸

さ 最教寺‥‥143

た 田平天主堂‥‥143
は 紐差教会‥‥143
平戸オランダ商館‥‥142
平戸海上ホテル‥‥155
平戸ザビエル記念教会‥‥142
平戸市生月町博物館 島の館‥‥75
平戸城‥‥143
平戸の聖地と集落（春日集落と安満岳）‥‥26
平戸の聖地と集落（中江ノ島）‥‥26
ま 松浦史料博物館‥‥143

波佐見

あ 有田ポーセリンパーク【有田】‥‥149
ARITA PORCELAIN LAB【有田】‥‥149
うつわ処・赤井倉‥‥145
鬼木棚田‥‥144
か ギャラリーとっとっと‥‥147
康創窯 Gallery SO‥‥147
香蘭社【有田】‥‥149
た 陶芸の里 中尾山交流施設・伝習館‥‥145
陶山神社【有田】‥‥149
陶房 青‥‥147
な 西の原‥‥148
NISHIYAMA Gallery‥‥146
は 白山陶器本社ショールーム‥‥145
波佐見やきもの公園‥‥144
HANAわくすい‥‥148
深川製磁本店【有田】‥‥149
ま マルヒロ‥‥147
南創庫‥‥148
モンネポルト‥‥148
monne legui mooks‥‥148

雲仙

あ 雲仙お山の情報館‥‥150
雲仙温泉 旅亭 半水盧‥‥151
雲仙観光ホテル‥‥151
雲仙九州ホテル‥‥151
雲仙小地獄温泉館‥‥150
雲仙地獄‥‥150
雲仙ビードロ美術館‥‥150
お山のカフェレストラン
グリーンテラス雲仙‥‥151
た 遠江屋本舗‥‥151
な 仁田峠・仁田峠展望所‥‥151

島原

あ 天草の﨑津集落【天草】‥‥26
有馬キリシタン遺産記念館‥‥74
か 鯉の泳ぐまち‥‥153
さ 﨑津教会【天草】‥‥26
島原城‥‥152
しまばら水屋敷‥‥153
は 原城跡‥‥26・74
姫松屋 本店‥‥153
武家屋敷‥‥152
や 湧水庭園 四明荘‥‥153

STAFF

編集制作 Editors
(株)K&Bパブリッシャーズ

取材・執筆・撮影 Writers & Photographers
ノンブル(河村規子　竹口進也)
メニィデイズ(間々田正行　熊本真理子)
江崎博子　高橋葉　永石均
田代英一　古賀由美子

執筆協力 Writers
内野究　高橋靖乃　上山奈津子　重松久美子
嶋嵜圭子　本田泉　堀井美智子　藤田佳鶴子
遠藤優子

本文・表紙デザイン Cover & Editorial Design
(株)K&Bパブリッシャーズ

表紙写真 Cover Photo
PIXTA

地図制作 Maps
トラベラ・ドットネット(株)
DIG.Factory

写真協力 Photographs
長崎県観光連盟
ハウステンボス株式会社
関係各市町村観光課・観光協会
関係諸施設
PIXTA

総合プロデューサー Total Producer
河村季里

TAC出版担当 Producer
君塚太

TAC出版海外版権担当 Copyright Export
野崎博和

エグゼクティヴ・プロデューサー
Executive Producer
猪野樹

※教会堂の写真は、カトリック長崎大司教区、おぢかアイランドツーリズムの許可を得て掲載しています。

おとな旅 プレミアム

長崎 ハウステンボス・五島列島 第3版

2021年4月1日　初版　第1刷発行

著　　　者　TAC出版編集部
発　行　者　多田敏男
発　行　所　TAC株式会社　出版事業部
　　　　　　(TAC出版)

〒101-8383 東京都千代田区神田三崎町3-2-18
電話　03(5276)9492(営業)
FAX　03(5276)9674
https://shuppan.tac-school.co.jp

印　　刷　株式会社　光邦
製　　本　東京美術紙工協業組合

©TAC 2021　Printed in Japan　　ISBN978-4-8132-9467-2
N.D.C.291　　　　　　落丁・乱丁本はお取り替えいたします。

本書は、「著作権法」によって、著作権等の権利が保護されている著作物です。本書の全部または一部につき、無断で転載、複写されると、著作権等の権利侵害となります。上記のような使い方をされる場合には、あらかじめ小社宛許諾を求めてください。

本書に掲載した地図の作成に当たっては、国土地理院発行の数値地図(国土基本情報)電子国土基本図(地図情報)、数値地図(国土基本情報)電子国土基本図(地名情報)及び数値地図(国土基本情報20万)を調整しました。